经典悦读
系列丛书珍藏版

竞争的审视

——恩格斯《国民经济学批判大纲》如是读

陈培永　林修能◎著

南方传媒　广东人民出版社
· 广州 ·

图书在版编目（CIP）数据

竞争的审视：恩格斯《国民经济学批判大纲》如是读／陈培永，林修能著. —广州：广东人民出版社，2023.9
（经典悦读系列丛书）
ISBN 978-7-218-16440-3

Ⅰ. ①竞… Ⅱ. ①陈… ②林… Ⅲ. ①《国民经济学批判大纲》—恩格斯著作研究 Ⅳ. ①A811.26

中国国家版本馆 CIP 数据核字（2023）第 001295 号

JINGZHENG DE SHENSHI——ENGESI《GUOMIN JINGJIXUE PIPAN DAGANG》RUSHI DU

竞争的审视——恩格斯《国民经济学批判大纲》如是读
陈培永 林修能 著

版权所有 翻印必究

出 版 人：肖风华

出版统筹：卢雪华
选题策划：曾玉寒
责任编辑：伍茗欣
封面设计：李桢涛
插画绘图：李新慧
责任技编：吴彦斌 周星奎

出版发行：广东人民出版社
地 址：广州市越秀区大沙头四马路 10 号（邮政编码：510199）
电 话：(020) 85716809（总编室）
传 真：(020) 83289585
网 址：http://www.gdpph.com
印 刷：广州市豪威彩色印务有限公司
开 本：787 毫米×1092 毫米 1/32
印 张：4.125 字 数：85 千
版 次：2023 年 9 月第 1 版
印 次：2023 年 9 月第 1 次印刷
定 价：23.00 元

如发现印装质量问题，影响阅读，请与出版社（020-85716849）联系调换。
售书热线：020-87716172

目录

导言　可以以竞争为主线激活的文本

　　恩格斯所写的《国民经济学批判大纲》（*Umrisse zu einer Kritik der Nationalkonomie*）（以下简称《大纲》），最早发表于《德法年鉴》1844年2月第1期和第2期合刊上。巧合的是，这期还发表了马克思的两篇文章——《论犹太人问题》与《〈黑格尔法哲学批判〉导言》。

　　这篇文章引起了马克思的关注，正是《大纲》开启了两位伟大思想家一生的友谊。马克思后来写道："自从弗里德里希·恩格斯批判经济学范畴的天才大纲（在《德法年鉴》上）发表以后，我同他不断通信交换意见，他从另一条道路（参看他的《英国工人阶级状况》）得出同我一样的结果。"①

---

　　① 《马克思恩格斯文集》第2卷，人民出版社2009年版，第592—593页。

马克思不止一次地推荐过这篇文章。在《资本论》中，马克思多次引用《大纲》的论述来佐证自己的结论①。1880年，在为恩格斯的《社会主义从空想到科学的发展》法文版写的前言中，马克思提出："弗里德里希·恩格斯是当代社会主义最杰出的代表人物之一，他在1844年就以他最初发表在马克思和卢格在巴黎出版的《德法年鉴》上的《国民经济学批判大纲》引起了注意。《大纲》中已经表述了科学社会主义的某些一般原则。"②

《大纲》成文时间较早，其内容极富创见，对马克思主义政治经济学具有"开端"意义，对整个马克思主义理论体系的构建有着不可磨灭的"地基"价值。

富有争议的事情发生在1871年。当时德国社会民主党人威廉·李卜克内西曾请求恩格斯将此文重新发表于该党爱森纳赫派的机关报《人民国家报》上。恩格斯拒绝了这个请求，他在回信中如此

---

① 《马克思恩格斯文集》第5卷，人民出版社2009年版，第92、177、191、731页。

② 《马克思恩格斯文集》第3卷，人民出版社2009年版，第491页。

写道："这篇文章已经完全过时，而且有许多不确切的地方，只会给读者造成混乱。加之它完全是以黑格尔的风格写的，这种风格现在也根本不适用。这篇文章仅仅具有历史文件的意义。"[①]

这一文本真是"过时的历史文件"吗？了解当时的实际情况会发现，恩格斯反对发表有别的用意，而不是真觉得它"过时了"。此时马克思正在全力从事《资本论》第2卷和第3卷的写作，恩格斯更希望李卜克内西刊印这些作品。李卜克内西在同一时间也收到了马克思的书信，信中写道："恩格斯要我转告你，他在《德法年鉴》上的文章现在只具有历史价值，因而已经不适用于实际宣传。相反，你应从《资本论》中选登较长的片断，例如关于《原始积累》一章的片断等等"[②]。

也就是说，恩格斯反对刊出《大纲》，其真正用意是想要将发表机会留给更为成熟的《资本论》片断，给《资本论》腾出宣传空间，不希望《大

①　《马克思恩格斯全集》第33卷，人民出版社1973年版，第209页。

②　《马克思恩格斯全集》第33卷，人民出版社1973年版，第208页。

恩格斯的《大纲》是一本聚焦竞争问题的作品，是马克思、恩格斯众多文本中少有的把竞争作为核心关键词的作品。

聚焦竞争

纲》这一早期作品使得读者对马克思主义政治经济学产生误会。

后来发生的事情证明，恩格斯仍然希望《大纲》再次公之于众。1890年，德国社会民主党理论刊物《新时代》杂志征得其同意，重新刊登了《大纲》。这足以说明，恩格斯之前反对《大纲》的重新刊出只是时机问题而不是作品本身的问题。

面对《大纲》，当前国内外研究更多专注于探索其对马克思思想转变的作用、在马克思主义发展史尤其是政治经济学发展史上的价值，今天我们还需要挖掘恩格斯的"天才大纲"内容与当今时代问题对接的理论点。

我们会发现，恩格斯的《大纲》是一本聚焦竞争问题的作品，是马克思、恩格斯众多文本中少有的把竞争作为核心关键词的作品，是我们可以以竞争为主线来激活的文本。

这本小册子努力的方向就是以竞争为主线，聚焦《大纲》中关于竞争的论述，建构一个相对完整的马克思主义竞争理论框架，并尝试回答一系列基本问题。比如，什么是竞争？竞争是指何种主体之间的竞争？竞争为什么会受到推崇？竞争会带来什么问题？产生竞争的根源是什么？能否或如何解决竞争给人类社会带来的问题？

　　这本小册子还将立足已经变化发展的实际，分析日常生活中我们不得不面对的竞争现象，提供对于"内卷""躺平"等社会现象的见解。

一、谁之竞争？何谓竞争？

"竞争贯穿在我们的全部生活关系中"[①]，这是《大纲》中的一句话，放在我们生活的时代来讲依然适用。对这个贯穿在我们全部生活关系中的竞争，我们究竟应该怎么看？谁是竞争的主体？竞争关系的真谛是什么？我们又该如何把握竞争和垄断之间的关系？

1. 谁是竞争的主体？

讲竞争，就得谈竞争的主体，主体把握不明确，对竞争的理解就不可能深刻。但谈论竞争的主体，容易泛泛而谈，竞争的主体有什么好谈的呢？每个人不都是竞争的主体吗？如此理解，实际上会

---

① 《马克思恩格斯文集》第1卷，人民出版社2009年版，第84页。

掩盖现代竞争背后的实质性问题。

在恩格斯看来，竞争的主体可以从三个层面来理解。第一个层面，是发生在土地、资本与劳动之间的竞争。

土地所有者必须依靠资本和劳动让土地发挥价值。古代地主是雇佣佃农来干活，现代地主则是出租土地来收租。土地所有者要与资本所有者竞争，收取更多的地租，也必须和劳动者进行竞争，希望能从其身上获得更多利益；资本所有者一方面要与土地所有者展开激烈竞争，通过排挤土地所有者、打破旧的土地贵族势力束缚，让更多劳动力从土地中解放出来，另一方面又与劳动力展开争夺劳动时长、劳动强度的竞争；劳动所有者处于这条"食物链"的最底层，没有自己的生产资料，必须依赖于资本和土地。劳动对土地的依附从古就有，对资本的依附则是资本主义社会独有的。

第二个层面，是发生在土地与土地之间、资本与资本之间、劳动与劳动之间的竞争。

土地所有者必须不断提高土地的生产力，才能让资本选择自己的土地而不是其他土地所有者的土地；资本必须最大限度地展开自己的活动，以经受住其他资本的挑战；劳动者必须把自己的全部力量用于劳动，才能在与其他劳动者的竞争中胜出，找到工作。在之后马克思、恩格斯逐渐成熟的作品中，他们更多谈论的是资本、土地与劳动三者之间尤其是资本与劳动之间的竞争或斗争，很少再谈基于相同利益而产生的三者内部之间的竞争。

这个层面的竞争是因为利益的相同而产生的。"因为私有制把每一个人隔离在他自己的粗陋的孤立状态中，又因为每个人和他周围的人有同样的利益，所以土地占有者敌视土地占有者，资本家敌视资本家，工人敌视工人。"① 在当时，大土地所有者因为占据更多资源，又想要攫取更大利益，拼命吞并小土地；资本正在急速地集聚，大资本不断吞并小资本，很多小资本失去了生长空间，进而失去了生产资料；整个体系产生了越来越多的劳动者，必然带来劳动之间激烈的竞争，结果是出现了大量的"后备军"。劳动者为了争取工作的机会，必须和其他劳动者进行激烈竞争。

第三个层面，是现代社会人与人之间普遍的竞

① 《马克思恩格斯文集》第1卷，人民出版社2009年版，第72页。

争。人不能选择自己所生活的时代，现代社会的生产方式决定了每个人都必须成为竞争者，都不得不作为资本所有者、土地所有者、劳动力所有者三者之一参与到竞争中。恩格斯所讲的竞争，不仅仅是一种经济状态，更是一种普遍存在的社会状态。竞争的普遍性源于社会机制的强制性，并不是我们不想竞争，就可以不去竞争。在现代社会，所有人都是竞争主体，每个人都是身不由己地进入到竞争的社会中。

竞争是人与人之间的竞争，本质上是一种人与人之间的关系，这种关系往往直接表现为对立，即与合作相对应的关系。但对立不一定就是斗争，竞争也不必然走向斗争，竞争者也可以是合作者。当竞争者都遵守规则、互相尊重的时候，就会出现比较合理的、有益的竞争状态，或者称为"君子之争""良性竞争"，这样的竞争并不排斥互助、合作；但是当"对立"的风气占了上风甚至极端化的时候，人与人的对立性就将压倒互助性、合作性，竞争关系就会转变为"你死我活"的斗争关系。

在现代社会，所有人都是竞争主体，每个人都是身不由己地进入到竞争的社会中。

身不由己

2. 如何理解竞争的真谛和规律？

现代社会人与人之间的竞争从某种意义上来说是随着商业贸易发展、市场经济确立而出现的。客观世界不断地被商品化，所有个体都被消费者化，一切的竞争行为都与"买卖"分不开。这就涉及恩格斯的一个判断——"竞争关系的真谛就是消费力对生产力的关系"[①]。理解了这个判断，基本就理解了现代竞争的本质。

所有竞争的对象其实都是广义的生产与消费的对象，生产者希望自己制造出来的东西能够被人购买与使用，消费者则需要选取自己最喜欢的、最符合自己需求的商品。这种生产与消费的互动过程，就孕育出了竞争，所以竞争是生产与消费的双向关系。

当生产能力大于消费能力，也就是供给大于需求时，消费者注定只能消费其中的一部分产品，生产者之间则必须通过竞争来争夺消费者，让自己生

①《马克思恩格斯文集》第1卷，人民出版社2009年版，第76页。

产的东西卖出去。而当生产能力小于消费能力，也就是需求大于供给时，消费者之间就要通过竞争获得产品，以满足自己的需求。

劳动力这个商品也是如此，当社会上提供的劳动力大于所需要的劳动力的时候，也就是劳动力商品的生产能力大于消费能力的时候，劳动力的所有者之间就要通过竞争把自己"卖"出去，获得劳动的机会。比如我们生活中经常会听到一个词——竞聘。很多应聘者为了某些有限的岗位而展开竞争，这本质上就是一定范围内的"生产力大于消费力"带来的。如果反过来，劳动力很稀缺，但是岗位却很多，那么就是企业之间必须进行竞争以获得人才。现实中也有这种现象，许多大公司往往抢着要某个尖端人才，甚至不惜开出高价、争先恐后地"三顾茅庐"，这种竞争则是一定范围内的"消费力大于生产力"带来的。

完全不同的两个原因，却共同产生了竞争这种普遍现象，并且这两种情况在现实中是同时存在的。某一领域供给大于需求，某一领域则相反；某一时期供给大于需求，另一个时期则相反。比如当大多数人在抱怨"就业难"的时候，许多公司也在

抱怨"人才难得";有些人在实力不够的时候抱怨
"就业难",当竞争力增强的时候,又会陷入"选择
困难"的甜蜜烦恼;某一时间经济萧条,很多人都
找不到工作,等过段时间经济上行,大家又开始
"货比三家"了。

　　恩格斯说"需求和供给从未有过互相适应",
这种现象是如此贴近现实,这一竞争的规律被洞悉
到了。"竞争的规律是:需求和供给始终力图互相
适应,而正因为如此,从未有过互相适应。双方又
重新脱节并转化为尖锐的对立。供给总是紧跟着需
求,然而从来没有达到过刚好满足需求的情况;供
给不是太多,就是太少,它和需求永远不相适应,
因为在人类的不自觉状态下,谁也不知道需求和供
给究竟有多大。"① 供给与需求的波动不以个人的意
志为转移,并且几乎不会达到稳定的平衡状态,这
决定了竞争始终存在,只不过有时候出现在供给
方,有时候出现在需求方。

　　这意味着,只要存在商品生产、市场经济,竞

---

　　① 《马克思恩格斯文集》第 1 卷,人民出版社 2009 年版,第 73—
74 页。

争必然蕴含在人与人之间的关系中。竞争实际上就是人与人对某种对象（比如某种产品、某种工作岗位，乃至于某种思想）展开争夺的关系，这种争夺关系对每个人来说充满着不确定性，一个人可能在一定的条件下获得优势、占据主导地位，但不能保证这种优势和主导地位的延续，在特定阶段、特定场合可能就会被其他竞争者所取代。所以，无论是处于优势或劣势，竞争者都将面临新的挑战，都将面临新的可能性。

因此，竞争是必然的，竞争中的每个人是偶然的；竞争是确定的，竞争中的每个人在竞争中的地位是不确定的，这就是我们所有人"在人类的不自觉状态下"的生活状态。

3. 竞争与垄断的对立为什么是"完全空洞的东西"？

一提到竞争，我们就容易想起垄断。恩格斯也从竞争与垄断的关系中来把握竞争。有观念总是习惯把竞争与自由关联起来，把垄断与控制、操纵等活动关联起来。垄断被认为是可以肆意妄为，想干什么就干什么。追求竞争，因此必然就要反对垄断。恩格斯并没有持这种看法："竞争的对立面是垄断。垄断是重商主义者战斗时的呐喊，竞争是自由主义经济学家厮打时的吼叫。不难看出，这个对立面也是完全空洞的东西。"①

在那个时代，国家经济政策的主导学说日益从重商主义转向自由主义，重商主义者倾向于限制进口，扩大出口，以赢得贸易顺差，因此他们鼓励国内的垄断现象。自由主义则与之相反，主张国家不要过多干预市场，而是要维护贸易自由和自由竞争。从表面上看，两种学说格格不入，但在恩格斯看来并非如此，因为竞争与垄断并不构成对立，而是可以互相转换。

在恩格斯看来，在一定领域内，垄断有其存在的必要性与合理性。"垄断至少具有使消费者不受欺骗的意图，虽然它不可能实现这种意图。消灭垄断就会为欺骗敞开大门……垄断是必要的，这种必要性也在许多商品中表现出来。药房等等必须实行

---

① 《马克思恩格斯文集》第1卷，人民出版社2009年版，第73页。

垄断。最重要的商品即货币恰好最需要垄断。"① 这段话高度肯定了垄断有益的一面，垄断在某种意义上让消费者更有安全感，不会陷入选择困难。而且，涉及国民生计的米、盐以及某些药品等，自古以来都需要国家的垄断。最重要的商品比如货币，如果无法统一，那么所有的交易就会倒退回原始的物物交换，给人们的生活带来不便。

恩格斯还指出，竞争具有走向少数人无限制的自由——垄断的倾向。"每一个竞争者，不管他是工人，是资本家，或是土地占有者，都必定希望取得垄断地位。每一个较小的竞争者群体都必定希望为自己取得垄断地位来对付所有其他的人。"② 自由竞争具有走向垄断的本性，因为所有各自为己的竞争者在这种优胜劣汰规则的刺激下，必然希望取得垄断地位以一劳永逸。"竞争建立在利益基础上，而利益又引起垄断；简言之，竞争转为垄断。"③ 所有的竞争者都以更多的获利作为竞争目标，而垄断可以带来巨额利益，没有一个竞争者会拒绝，因此

---

① 《马克思恩格斯文集》第 1 卷，人民出版社 2009 年版，第 84 页。

② 《马克思恩格斯文集》第 1 卷，人民出版社 2009 年版，第 73 页。

③ 《马克思恩格斯文集》第 1 卷，人民出版社 2009 年版，第 73 页。

垄断成为所有竞争者的共同而互斥的目标。正是这种利益导向，客观上奠定了竞争与垄断的共通性。

进一步来看，垄断本身也不是绝对的稳定状态，其发展到一定阶段也会走向竞争，因此可以把它看作是一种与竞争相互转换的不完全状态。"垄断挡不住竞争的洪流；而且，它本身还会引起竞争，正如禁止输入或高额关税直接引起走私一样。"① 人类社会经济活动无比复杂，任何一种垄断都不是绝对的，比如当一种商品的生产被垄断的时候，这种商品往往会被标以高价，这时市场上注定会有大量生产者想方设法进入其中，因为只要能够突破这种垄断，用略低一些的价格出售商品，就将吸引无数消费者，从而获得巨大利益。完全的、纯粹的垄断几乎是不存在的，而且当垄断越发展，这种暗含的竞争冲动也就越强。因此恩格斯指出，"垄断引起自由竞争，自由竞争又引起垄断"②。

从根本上而言，竞争是以垄断为前提的，是以"所有权的垄断"为前提的。自由主义者的虚伪在

---

① 《马克思恩格斯文集》第 1 卷，人民出版社 2009 年版，第 73 页。
② 《马克思恩格斯文集》第 1 卷，人民出版社 2009 年版，第 84 页。

完全的、纯粹的垄断几乎是不存在的，而且当垄断越发展，这种暗含的竞争冲动也就越强。

竞争冲动

于表面上推崇自由竞争，实际上却认同所有权垄断的合理性，攻击了表面的垄断，却遮蔽了根本的垄断。恩格斯指出："竞争已经以垄断即所有权的垄断为前提——这里又暴露出自由主义者的虚伪——，而且只要所有权的垄断存在着，垄断的所有权也同样是正当的，因为垄断一经存在，它就是所有权。可见，攻击小的垄断，保留根本的垄断，这是多么可鄙的不彻底啊！"① 正因为如此，恩格斯才会提出，竞争与垄断的对立是"完全空洞的"。这为我们辩证地审视竞争与垄断的关系提供了很好的思路。

---

① 《马克思恩格斯文集》第1卷，人民出版社2009年版，第73页。

二、竞争为何备受推崇？

竞争客观存在，人们对这种社会现象有不同的态度，有人会鼓吹其积极价值，有人看到的则是残酷无情。恩格斯面对的大多是竞争的鼓吹者，至少是对"竞争"这一范畴的吹捧者。"竞争是经济学家的主要范畴，是他最宠爱的女儿，他始终娇惯和爱抚着她"[1]，"竞争是自由主义经济学家厮打时的吼叫"[2]。这里的"经济学家"指的是自由主义经济学家，或者称为国民经济学家。国民经济学家为什么如此推崇竞争？在今天我们又该如何看待竞争的积极价值？

1. 国民经济学家"最宠爱的女儿"

在恩格斯所处的19世纪，"国民经济学"指的

---

① 《马克思恩格斯文集》第1卷，人民出版社2009年版，第72页。
② 《马克思恩格斯文集》第1卷，人民出版社2009年版，第73页。

是古典经济学，这一学说由亚当·斯密（Adam Smith）奠定，经大卫·李嘉图（David Ricardo）等人发展，其内核是自由放任主义，主张建立尽可能免于限制的、自发调节的国内与国际自由市场，以此实现国家的经济繁荣。

恩格斯将这种经济学称为国民经济学或自由主义经济学，有时也笼统地称为经济学。他多次提及斯密、李嘉图等国民经济学家，并详细剖析其主要观点，他还阅读了同时代批判国民经济学的汤普森、李斯特等人的著作，以此作为自己论证的补充。显然，恩格斯是在广泛涉猎、深入了解国民经济学家观点的基础上，才提出"竞争是国民经济学家最宠爱的女儿"的观点。

循着恩格斯的思想轨迹，我们可以看到国民经济学家是如何"宠爱"竞争的。亚当·斯密在其代表作《国富论》中认为，每个人追逐自身利益最大化的同时，会带来群体利益的最优；对经济的管制是对产业的伤害，鼓励特定产业、把社会上过大一部分的资本拉入，或者限制特定产业、强迫一部分原来要投在这种产业上的资本离开，都是违反自然趋势的，都必然和它要促成的目的背道而驰。因此必须废除一切特惠或限制的制度，鼓励每个人自由追求自己的利益，"一切特惠或限制的制度，一经完全废除，最明白最单纯的自然自由制度就会建立起来。每一个人，在他不违反正义的法律时，都应听其完全自由，让他采用自己的方法，追求自己的利益，以其劳动及资本和任何其他人或其他阶级相竞争"①。

斯密的理论成为了国民经济学家们倡导放任市场自由、减少政府干预的核心支撑，他引导后世的经济学家认定，自由竞争的市场是符合自然规律的、可以保证资源配置效率最优的办法，具有充分的合理性与无可辩驳的合法性。

在斯密之后，大卫·李嘉图进一步将自由竞争的原则贯彻到了劳动力市场中："工资正像其他所有契约一样，应当由市场上公平而自由的竞争决定，而决不应当用立法机关的干涉加以统制。"② 他还将这种原则扩展到国际交往中，以此提倡自由贸

---

① ［英］亚当·斯密：《国富论——国家财富的性质与起因的研究》，郭大力、王亚南译，商务印书馆 2015 年版，第 656 页。

② ［英］彼罗·斯拉法主编：《李嘉图著作和通信集》第 1 卷，郭大力、王亚南译，商务印书馆 2011 年版，第 86 页。

易，提倡国与国之间的自由竞争，提出了著名的"比较优势"理论，认为自由竞争必然会带来各国的共赢："在商业完全自由的制度下，各国都必然把它的资本和劳动用在最有利于本国的用途上。这种个体利益的追求很好地和整体的普遍幸福结合在一起。"①

恩格斯写作《大纲》的时候，恰恰是李嘉图的经济学最流行的时候。恩格斯已然感知到这股思潮的强大力量，因为它比此前不成体系的、片面的"生意经"显得更为科学。恩格斯的预感得到了证实，在《大纲》完成后的历史时期，国民经济学也一直在发展，变得日益"科学"，一代又一代自由主义经济学家也不断涌现，他们对竞争的"宠爱"也一直没有停下来。虽然在 20 世纪之初，自由竞争信念曾经遭遇了资本主义经济危机的打击，以致主张政府调节的凯恩斯主义一度占了上风，但之后新自由主义经济学的复兴，使得自由竞争信念又占据当代西方经济学的主流。整体上来看，亚当·斯

---

① ［英］彼罗·斯拉法主编：《李嘉图著作和通信集》第 1 卷，郭大力、王亚南译，商务印书馆 2011 年版，第 111 页。

密开创的国民经济学仍然牢牢占据着西方经济思想的主导地位。

2. "竞争"被认为与"自由"相伴

竞争为何会得到国民经济学家的"宠爱"？如果单独从国民经济学家的论断中看，我们似乎很难得到一个完整的答案，因为每位经济学家都在用一套独特的模型来解释竞争的"最优"，这反而掩盖了模型背后的核心共通理念。

柏拉图曾经有过一个探讨抽象问题的思路，比如在探讨"正义是什么"这一问题的时候，他认为个人的正义很难被直接理解，因此不妨把视角放大到城邦，从城邦的正义来反思个人的正义。我们也可以把视角放大，将竞争从经济领域放大到更普遍的政治、文化等领域，看看其备受推崇的原委，之后再从广泛的社会领域回到经济领域，全面把握自由主义的竞争理念。

在西方，竞争往往被与自由、进步绑定，自由主义者在提倡竞争的时候，一定要与自由放在一起，因此我们经常看到的是"自由竞争"一词。包

竞争绝不仅仅是一种经济理念，更具备政治、文化等内涵，它包含着自由主义的一系列社会主张。

自由主义

括国民经济学家在内的自由主义思想家往往倾向于认为自由竞争是完美的，并把现实的资本主义制度视为这种理念的最优体现，认为自由竞争是人类的终极状态。竞争绝不仅仅是一种经济理念，还具备政治、文化等内涵，它包含着自由主义的一系列社会主张。

以提出"轴心时代"而闻名的卡尔·雅斯贝斯（Karl Jaspers）在其代表作《历史的起源与目标》中认为："在有自由竞争的地方，每一个人都能因其产品、成就、思想或创造赢得承认，只要它们能得到公众的承认。所有人的口味、要求和意愿都因其多样化而赢得承认。全体民众作出的决定，其中也包括极少数人。在千篇一律之处有无限的丰富。特殊的精神能形成特殊的环境。竞争提供刺激。竞争在任何时代都导致了最大的成就。"① 这段话基本上代表了西方大部分推崇自由竞争的思想家的论证思路，他们倾向于认为，自由竞争是一个社会的理想状态，因为这样的社会有三点显著的优越性：

---

① ［德］卡尔·雅斯贝斯：《历史的起源与目标》，魏楚雄、俞新天译，华夏出版社1989年版，第202页。

其一，自由竞争能激活个人成长与社会发展的动力。竞争的氛围会激发所有社会成员的潜力，每个人都会变得斗志昂扬，因而从整体来看，它也会使得整个社会充满活力；其二，自由竞争可以造就多元、包容、宽松的社会氛围，它允许每个人都可以根据自己的个性发挥自己的作用，从而保护了个人发展的独特性；其三，在自由竞争的社会里，任何人都会因为自己的奉献而得到重视、获得认可，因为任何奉献都是有价值的。

可以看到，这种理解偏向于将竞争与自由相绑定，将自由与进步相联系，认为竞争会带来自由的氛围，从而导向多元包容的社会格局与进步的历史前景。如果说自由是一切自由主义者的基本价值追求，那么在经济领域，竞争就是自由这一价值追求的实现路径。而且，经济领域的自由也被视为其他领域自由的前提，"自由竞争"还被用来定义政治自由、思想自由等社会领域的自由。

西方国家常常把政治自由定义为以两党或多党轮流执政、竞争性选举为基础的"自由民主"制度。这种政治上的"自由民主"实际上是经济上自由竞争的折射，从本质上来说，它将选民视为一种市场的买方，将政治领导或政治决策视为卖方，卖方通过竞争来获取买方的信任。因此，西方政治本质上是一个市场体系，其信奉的核心原则还是"自由竞争"，至于决策好坏、政治领袖的水平高低，那往往被归属于其他政治价值，不会被视为自由和民主的评价部分。同样，自由主义在思想上的"自由多元"主张本质上也是一种自由竞争，是多种思想共同竞争。在思想市场上，每一个个体是买方，纷繁复杂的各种思潮、信仰是卖方，自由主义者相信多元的思想交锋一定是最佳的文化状态。

3. 作为"强有力的发条"的竞争

国民经济学家"宠爱"竞争，不能说没有任何道理，竞争有其意义和价值，它对人类社会有着积极的一面。恩格斯也同样看到了竞争的积极作用，他写道，"竞争是强有力的发条，它一再促使我们的日益陈旧而衰退的社会秩序，或者更正确地说，无秩序状况活动起来"①。竞争是打破既存社会秩序

---

① 《马克思恩格斯文集》第 1 卷，人民出版社 2009 年版，第 84 页。

的动力，它让社会不至于停滞不前，它激发社会的活力，为社会变革、为新社会的出现提供推力与拉力。

竞争提供了一个具有晋升潜力的渠道，能调动起每个人生产的积极性。当一个市场参与者通过自己的努力在市场上取得了收益，而且市场机制能够保障这种收益的合法性、正当性的时候，就会带动大量的市场参与者以此为榜样去改进自己，去更卖力地生产和创造，从而带动整个社会生产力的提升。也就是说，自由竞争的市场氛围激励每一个竞争者去改进自己以获取更多的东西，这是一种历史的拉力。

竞争还让每个人都必须逼迫自己全力以赴，"卷入竞争斗争的人，如果不全力以赴，不放弃一切真正人的目的，就经不住这种斗争"①。竞争正是这样一种强制规律，它迫使每个市场参与者不断地改进自身技术、服务，从而适应时代和市场的需求。当一个企业采取全新的、更高效的技术时，它就会取得更有利的竞争地位，其他企业如果不去改进自己的技术，就会被淘汰。当竞争逻辑处于主导

---

① 《马克思恩格斯文集》第1卷，人民出版社2009年版，第77页。

在这种拉力和推力的双重作用下，竞争推动着
社会生产力的发展，促进人类历史的前进。

双重作用

地位的时候，人在社会中其实是没有退路的，只能不断地去提升自己的竞争力。在这种无路可退的高压状态下，技术会被不断地推动前进，这对于社会整体发展是有利的。这种规律不以个人的意志为转移，使得所有竞争者都不得不逼迫自己成为创造者和革新者，因而竞争也可以被理解为一种历史的推力。

在这种拉力和推力的双重作用下，竞争推动着社会生产力的发展，拉动人类历史的前进。竞争具有一定的进步性与合理性。讨论竞争，不能"一棒子打死"，觉得竞争就只有激烈、残酷，因此反感竞争，不敢参与竞争。应该看到竞争对于人类社会发展的积极意义。强调自由竞争，在一定程度上有利于每个人自由的实现，或者说它是我们自由的表现；强调自由竞争，能够一定程度上反对外在力量的干涉干预，创造公平正义的社会环境；强调自由竞争，能激发每个人的活力和潜力，推进社会的进步；等等。

恩格斯批判自由主义的"自由竞争"学说，看到不受节制的竞争带来的伤害，但同时也没有否定竞争的积极意义。现实中我们需要适应竞争，积极参与竞争，树立公平竞争意识，在竞争中寻求合作，在竞争中互相关怀，共同营造整个社会的公平竞争环境。

☞ 当代回响

我们应当如何看待内卷？

"卷入竞争斗争的人，如果不全力以赴，不放弃一切真正人的目的，就经不住这种斗争"。看恩格斯的这句话，很容易发出感慨：这讲的不就是内卷（involution）嘛！

内卷这个词，很多人都知道，也比较喜欢谈论。这一范畴曾为哲学家康德所使用，用以指向与进化（evolution）相对的退化复原。后来它在人类学领域广泛流传，指的是一种社会模式无法向外进一步发展、只能走向内部竞争消耗的状况。

内卷一词从 2020 年开始在网络上流行，被用来形容现代人生活的一种状态，强调现代社会某一领域、某一行业的竞争越来越激烈，竞争者即使付出非常多的时间和精力，也无法获得与以前一样的成果。内卷一词之所以流行，很大程度上是因为一些人对此感同身受，面对巨大的同辈压力，竭尽全

摆脱内卷

力、付出很多也看不到自己的优势，因此出现焦虑情绪。

内卷的出现，归根结底是因为大量竞争者在争夺少量固有的资源。当社会大众对内卷一词十分重视的时候，这意味着人们不满意这种"卷"的激烈竞争氛围，对于群体"内"部竞争充满无奈。

我们就注定无法走出内卷了吗？社会上流行着一种观点，倾向于认为"的确如此"。在这种观点看来，竞争者在进入市场之前，其所能获取资源的天花板已经固定，竞争只会愈发艰难。就像分蛋糕一样，蛋糕没有明显做大，越来越多的人来分蛋糕，因此后来者再努力也只能分到一小块。

问题是，现实中如果蛋糕永远不会变大，人们早就"卷上天"了，为什么几百年下来，蛋糕还是"分不完"呢？原因在于，在分蛋糕的人越来越多的时候，总有一些人去思考，做出新的蛋糕。人越多不代表一定就是坏事，这些人既可以选择成为"内卷者"，也可以成为"创新者"。

当一个领域发展已久、日渐成熟，并且仍然有大量的竞争者投入进来的时候，内卷是一种必然的现象，它起到了提高入门门槛、筛选竞争者的作用，它也在提醒想要进来的人可以选择独立开辟出新的空间。内卷会激励着大家去探索开辟新的领域，去"做大蛋糕""做新蛋糕"，而非只是绞尽脑汁去分已经做好的蛋糕。

所以，摆脱内卷是可能的，那就是去开辟全新的领域，创造"新蛋糕"。面对内卷，敢于走出舒适圈、不想着挤进已有圈的真正创新者，是值得尊敬的。现实中也有很多人渴望创新，但往往不敢创新甚至被压制而不能创新，因为创新蕴含着许多风险。我们的社会要想真正解决内卷问题，需要有支持创新、保障创新的机制，营造鼓励创新的氛围，要让有能力创新的人敢于创新，更要让越来越多的人拥有创新的机遇与动力。

三、自由竞争的幻象

与国民经济学家推崇竞争不同，恩格斯无疑是竞争以及自由竞争的批判者，在看到竞争所起的积极作用的同时，他要让人们看清楚竞争的"美杜莎的怪脸"，看到竞争给人类社会带来的困境，看到所谓的自由竞争这种构想本身存在的问题。生活在充满竞争的时代，我们有必要弄明白恩格斯为什么说"自由竞争是不可能的事情"，有必要通过恩格斯的批判，看清楚竞争到底会给我们生活的社会带来哪些问题。

1. 自由竞争为何是不可能的事情？

国民经济学家将竞争与自由关联在一起，鼓吹自由竞争。恩格斯却直接指出："作为当今经济学家主要口号的自由竞争，是不可能的事情。"①

自由竞争的拥护者们设想了一个美好的社会图景：在市场规律作用下，每一个生产者都必须提高产品质量，想尽一切办法满足消费者的需要。在每个理性消费者的选择下，自由市场会自动甄别假货，竞争机制会把假冒伪劣产品驱逐出去，每样产品都会获得自己的合理价格，最后买卖双方都会得到满意的结果。

这个图景如果能够实现，当然是美好的，但现实往往给予其重击。在现实生活中我们会发现，面对巨大的利益，大量生产者在提高生产水平的同时，还出现了造假的强烈动机，这种动机往往超过提高生产水平的动机。市场上很多时候充斥着假冒伪劣产品，标价虚高、以次充好的现象比比皆是。

现实中，造假的成本极低，发现造假的成本却很高，大量消费者对此茫然无措，没有能力对产品做出真假、优劣的判断，有时候还被"带节奏"，难以做出理性的判断。这就是恩格斯所指出的，

---

① 《马克思恩格斯文集》第1卷，人民出版社2009年版，第84页。

"你们说，竞争本身是对付欺骗的办法，谁也不会去买坏的东西；照这样说来，每个人都必须是每一种商品的行家，而这是不可能的"①。

究其根本，自由竞争是从抽象的理性人、经济人出发的，而现实中的买者和卖者却与这种模型设定相距甚远。大多数买者受限于自身的有限处境，不能享有充分的信息以做出准确判断，而卖者也往往不会考虑多次交易，习惯于一次性买卖。并且，过分追求自由竞争的市场带来了对政府干预的不信任，因此很多造假、有害行为反而无法得到及时的有效矫正。

自由竞争理论还许诺了一个会协调好各方利益的"手"，也就是"看不见的手"。按照斯密在《国富论》中的经典表述，市场参与者"由于宁愿投资支持国内产业而不支持国外产业，他只是盘算他自己的安全；由于他管理产业的方式目的在于使其生产物的价值能达到最大程度，他所盘算的也只是他自己的利益。在这场合，像在其他许多场合一样，他受着一只看不见的手的指导，去尽力达到一

① 《马克思恩格斯文集》第 1 卷，人民出版社 2009 年版，第 84 页。

"看不见的手"

个并非他本意想要达到的目的。也并不因为事非出
于本意，就对社会有害。他追求自己的利益，往往
使他能比在真正出于本意的情况下更有效地促进社
会的利益"。①

然而我们会发现，"看不见的手"不仅看不见，
甚至往往是不存在的。在现代经济学中，"看不见
的手"成为了一个建立在特定"非人化"假设基础
上的数理模型推断，它只有在所有人都是高度自利
且理性的经济人的时候才会出现，这在现实人类社
会中注定是无法实现的。

2. 竞争并不必然通往自由

不仅揭示了自由竞争是不可能的事情，恩格斯
还看到了竞争带来诸多"不自由"的一面。首先，
激烈的竞争带来劳动的异化。年轻的恩格斯关注到
劳动问题的重要性："劳动是生产的主要要素，是
'财富的源泉'，是人的自由活动，但很少受到经济

①　[英] 亚当·斯密：《国富论——国家财富的性质与起因的研
究》，郭大力、王亚南译，商务印书馆 2015 年版，第 428 页。

学家的重视。"① 劳动本身应该是自由的，但在现有机制下却变成了一种负担，变成了不自由的谋生手段。人们在竞争的市场中苦苦挣扎，看起来可以选择去干不同的工作，但是从更根本的层面来看，其实是没有选择的。劳动者为了谋生，必须去工作，在工作中必须这样那样，根本不能体现自己的个性，渐渐地感受不到劳动的价值、意义和成就感，这就使得劳动距离自由活动越来越远。

恩格斯还指出，竞争在破坏着"价值"本身，伤害着人们生产的积极性，影响着人们对自己劳动的认可。国民经济学家有的认为生产费用决定价值，有的认为物品的效用决定价值，恩格斯则认为，他们对这一问题的争论源于没有考虑到竞争的作用。实际上，竞争确立了价格，国民经济学家口中所谓的价值仅仅成为价格的一种规定性，脱离了实际价值本身，与人们的生产活动已经不再有太大关联。"由竞争关系造成的价格永恒波动，使商业完全丧失了道德的最后一点痕迹。至于价值就无须再谈了。这种似乎非常重视价值并以货币的形式把

---

① 《马克思恩格斯文集》第1卷，人民出版社2009年版，第72页。

价值的抽象推崇为一种特殊存在物的制度，本身就通过竞争破坏着一切物品所固有的任何价值"①。竞争造成了价值的扭曲与受遮蔽，让人们认为产品的价值随时在波动。付出多长时间的劳动，投入多大的精力，比不了竞争对劳动产品的影响，劳动者又怎么能够感受到劳动的价值呢？

竞争还带来利益的对立。竞争建立在利益基础上，这种以利益作为驱动力的状态必然会深入到社会生活的各个角落，造成人与人的敌视、对立。"在相同利益的敌对状态中，正是由于利益的相同，人类目前状态的不道德已经达到极点，而这个极点就是竞争。"② 任由个人利益至上的竞争蔓延开来，必然会造成社会普遍对立，导致人与人之间的冷漠无情，形成各自为己的社会风气。

当这种人与人的利益对立尖锐化的时候，竞争带来的更多是灾难而不是进步。恩格斯对当时情况的描述至今看来仍然触目惊心："一部分土地进行精耕细作，而另一部分土地——大不列颠和爱尔兰

---

① 《马克思恩格斯文集》第 1 卷，人民出版社 2009 年版，第 75 页。

② 《马克思恩格斯文集》第 1 卷，人民出版社 2009 年版，第 72—73 页。

的 3000 万英亩好地——却荒芜着。一部分资本以难以置信的速度周转，而另一部分资本却闲置在钱柜里。一部分工人每天工作 14 或 16 小时，而另一部分工人却无所事事，无活可干，活活饿死。或者，这种分立现象并不同时发生：今天生意很好，需求很大，这时，大家都工作，资本以惊人的速度周转着，农业欣欣向荣，工人干得累倒了；而明天停滞到来，农业不值得费力去经营，大片土地荒芜，资本在正在流动的时候凝滞，工人无事可做，整个国家因财富过剩、人口过剩而备尝痛苦。"①

个体利益和集体利益往往是不一致的，集体利益不等于每个个体利益的加总。"单个人的利益是要占有一切，而群体的利益是要使每个人所占有的都相等。因此，普遍利益和个人利益是直接对立的。"② 每个人追求自己利益的最大化，往往会走向"以邻为壑""损人利己"的极端，最终带来集体利益的损失，长远来看个人利益也会受到损失。这就

① 《马克思恩格斯文集》第 1 卷，人民出版社 2009 年版，第 77—78 页。

② 《马克思恩格斯文集》第 1 卷，人民出版社 2009 年版，第 73 页。

每个人追求自己利益的最大化，往往会走向"以邻为壑""损人利己"的极端，最终带来集体利益的损失，长远来看，个人利益也会受到损失。

损人不利己

是竞争推演到极致时无法解决的利益对立，个人因而失去了集体行动的自由，集体也失去了协调运作的自由，最终个人被定格在各自为己的私人状态中。国民经济学所鼓吹的竞争，其动机只有获利，其手段往往走向互相伤害，其结果却是"一切人反对一切人"的战争。

3. 竞争者为何会沦为"凶猛野兽"？

竞争也在塑造着竞争者本身。恩格斯指出："竞争支配着人类在数量上的增长，也支配着人类在道德上的进步。"[①] 如何理解这种进步？这种进步的代价又是什么呢？

竞争的进步性就在于，它让生产者必须去考虑消费者的需求和感受，让消费者必须去评价生产的质量并做出选择。于是，人与人之间就必须互相关心。但是，这种互相关心很多时候是利益主导的关心。你关心别人的利益，本质上是为了实现自己的

①《马克思恩格斯文集》第1卷，人民出版社2009年版，第84—85页。

利益，别人关心你的利益，也是如此。在人与人的竞争中，一切其他人都成为了自己的手段。自由竞争许诺了一种"为己即为人"的理想交往环境，但是事实上却被证明是伪善的，它成为了一些人损人利己的借口。

在"看不见的手"的表象下面，是看得见的利益冲突。把他人看成自己实现利益的手段，很容易造成道德的堕落，形成不择手段的行事风格。在恩格斯看来，竞争塑造的竞争者会沦为"凶猛野兽"，推崇自由竞争的国民经济学则成了帮凶，"自由主义的经济学竭力用瓦解各民族的办法使敌对情绪普遍化，使人类变成一群正因为每一个人具有与其他人相同的利益而互相吞噬的凶猛野兽——竞争者不是凶猛野兽又是什么呢"[①]？

"凶猛野兽"这个词，确实犀利，深刻揭示出竞争对人的扭曲，这种扭曲一方面是肉体上的，另一方面也是精神上的。在肉体上，优胜劣汰的机制使得竞争者疲于奔波，而被淘汰掉的大多数人又缺

---

① 《马克思恩格斯文集》第 1 卷，人民出版社 2009 年版，第 62—63 页。

人们必须变得自私，甚至互相伤害，才能获取更多的竞争优势，不得不变得更加"凶猛""兽性"。

互相伤害

乏基本的保障，挨饿、受冻成为了竞争失败的底层人的生活常态。在精神上，当竞争席卷整个社会的时候，所有人都不得不被卷入这种浪潮之中，承受很大的压力和摧残，就像野兽一样被驱使，为了争夺食物而不顾一切，甚至放弃人的尊严和品格。人们必须变得自私，甚至互相伤害，才能获取更多的竞争优势，不得不变得更加"凶猛""兽性"。

自由竞争学说让人渐渐觉得一切都是可以买卖的，只要出价足够高，就可以得到你想要的东西。如果任由竞争进行，甚至可能会走向人口拐卖、器官买卖的深渊，犯罪分子为此铤而走险，对个体造成巨大的伤害，对社会造成恶劣的影响。

恩格斯对竞争的批判无疑为我们今天看待竞争敲响了警钟，提醒我们不要沉迷于所谓的自由竞争幻想中，不要在追求完全的、自由的市场环境中，把人类社会变为弱肉强食的"野兽战场"。当然，我们也要认识到，现实生活中不仅有非法的、恶性的竞争，也有合法的、正当的竞争。人类社会的竞争里，有的手段诚然是过度竞争的产物，伤害了竞争本身，更伤害了社会福祉；但也有许多手段是正当的，应该得到保障。恩格斯并不是反对一切竞争，我们也不可能抛弃一切竞争，真正需要批判的是不受节制的自由竞争，这是值得注意的。

四、竞争为何会生成?

竞争是我们很容易就能看到的现象，要真正把握这一现象，就得抓住其背后的根源。人与人产生竞争，竞争主导人与人的关系、主导人类社会，其根源在哪里？恩格斯在《大纲》中给了明确答案："只要私有制存在一天，一切终究会归结为竞争。"[①]什么是私有制？私有制如何带来竞争？怎么看待私有制的前景？想要深刻地理解竞争问题，就应该进入到对私有制的探究中。

1. 有私有制必然就会有竞争

谈到私有制，经常容易混淆的是"生产资料私有"和"生活资料私有"两个概念。"生活资料私

---

① 《马克思恩格斯文集》第 1 卷，人民出版社 2009 年版，第 72 页。

有"指的是我们日常生活中所需要的衣食住行相关产品的个人所有，这是不可能也不应该"根除"的；"生产资料私有"是指土地、厂房、劳动工具等生产资料的私人占有。对这种生产资料归私人所有的社会状况进行确认、保护的制度规范就是私有制。

私有制与竞争紧紧缠绕在一起。私有制如何产生竞争，竞争如何凸显出私有制的问题？在恩格斯看来，私有制最直接的结果是带来第一个分裂，即生产分裂为两个对立的方面：自然的方面和人的方面，即土地和人的活动。生产本来就是人在土地上活动，土地和人的活动并不是对立的。一方面，土地是人的活动的首要条件，人离不开土地；另一方面，没有人的活动，土地就会变成不毛之地。本来土地归所有的人共同所有，但随着社会的发展，少数人垄断土地，其他人则被剥夺了对土地的所有，不得不"出卖自己"。

土地占有者靠垄断土地掠夺他人，"他把不是通过他个人劳动得来的、完全偶然地落到他手里的东西当做他个人利益的源泉进行掠夺"[1]。土地的私

---

[1] 《马克思恩格斯文集》第1卷，人民出版社2009年版，第69页。

有，最开始是一部分人的强占，一部分人的失去，而随着这种财产私有被确立为制度，土地就被合法地继承、合理地排他。作为强制性制度的私有制固化了这种人与土地的分离。"土地是我们的一切，是我们生存的首要条件；出卖土地，就是走向自我出卖的最后一步"①。正是土地的私有，导致了土地和人的活动的对立。

私有制带来的第二个分裂是，人的活动被分解为劳动和资本，这是人的劳动本身的分裂。人类社会本来并没有资本，只有劳动，"资本和劳动最初是同一个东西"②，国民经济学家也承认"资本是劳动的结果"。在劳动的过程中，少部分人占有了越来越多的生产资料，并逐渐可以通过雇佣他人劳动来获取利润。正是因为私有制的确立，资本和劳动分裂，资本内部也日渐生发出更多样的形态。资本积累到一定程度，部分资本所有者还可以通过放贷来赚取利息，资本被分为原有资本和利润，利润又分为利息和本来意义上的利润。恩格斯一针见血地

---

① 《马克思恩格斯文集》第 1 卷，人民出版社 2009 年版，第 70 页。
② 《马克思恩格斯文集》第 1 卷，人民出版社 2009 年版，第 70 页。

分裂与捆绑

指出："所有这些微妙的分裂和划分，都产生于资本和劳动的最初的分开和这一分开的完成，即人类分裂为资本家和工人。"①

正是私有制带来了土地与人的活动、劳动与资本的分裂，带来了土地、资本与劳动这三种要素的彼此斗争，带来了土地所有者、资本家和雇佣工人这三个主体的分裂，导致三者之间的彼此敌视、彼此斗争。而且，私有制还使这三种要素中的每一种内部都分裂，带来一块土地与另一块土地对立、一个资本与另一个资本对立、一个劳动与另一个劳动对立。

恩格斯不只从这个角度揭示了私有制作为竞争生成的根源，还从商业的买和卖的行为的角度对此进行了揭示。我们会发现，恩格斯使用了"私有制最直接的结果"这样的表述，一次是讲生产分裂为土地和人的活动两个方面，另一次就是讲商业的出现。"私有制产生的最直接的结果就是商业，即彼此交换必需品，亦即买和卖。在私有制的统治下，这种商业与其他一切活动一样，必然是经商者收入

---

① 《马克思恩格斯文集》第 1 卷，人民出版社 2009 年版，第 71 页。

的直接源泉；就是说，每个人必定要尽量设法贱买贵卖。因此，在任何一次买卖中，两个人总是以绝对对立的利益相对抗；这种冲突带有势不两立的性质，因为每一个人都知道另一个人的意图，知道另一个人的意图是和自己的意图相反的。"① 在私有制下，每一个社会成员都无法依靠自己满足全部需要，社会就必然会产生以交换为主要活动的商业，而商业带来了人与人在买和卖过程中的竞争，也就是说，一旦商业形成，人与人之间的竞争关系也就稳固确立了。

私有制在现实意义上造成了人与人之间的割裂，而竞争进一步撕裂了人类社会的同一性，让社会成员陷入冲突中。当所有竞争者不顾一切地、尽可能多地获取自身利益的时候，往往会损害其他社会成员的利益，进而损害社会整体福祉。这不能说是私有制的必然结果，但起码是私有制逻辑的极端显现所可能带来的危机。竞争源于私有制，也显示出了私有制的弊病。

----

① 《马克思恩格斯文集》第1卷，人民出版社2009年版，第60—61页。

2. 私有制的合理性应该被过问

正如恩格斯批判的那样，"经济学没有想去过问私有制的合理性的问题"①。面对导致竞争问题的私有制，导致现代社会众多问题的私有制，国民经济学家没有提出任何质疑，反倒是在承认私有制的基础上进行理论建构。

看待私有制的不同立场、观点，正是恩格斯与国民经济学家们的基本分野之处。在恩格斯看来，"自由主义经济学达到的唯一肯定的进步，就是阐述了私有制的各种规律"②。重商主义追求垄断，是为了更多地占有，把私有扩张到极致；更古老的"生意经"，教人贱买贵卖，其实也是把私有制的排他逻辑、利己逻辑发挥出来。与他们相比，自由主义经济学或国民经济学阐释了私有制的规律，着重分析了竞争、垄断、资本、劳动、土地等范畴，是具有进步性的，所取得的理论成果也在一定程度上

① 《马克思恩格斯文集》第 1 卷，人民出版社 2009 年版，第 57 页。
② 《马克思恩格斯文集》第 1 卷，人民出版社 2009 年版，第 59—60 页。

有利于人们去把握自己所生活的时代。

私有制的合理性在于主张财产和利益的个体所有，给个体利益提供保障，防止在公有或集体的名义下随意剥夺个人拥有的东西。只是，私有制也意味着占有的排他属性，当一个个体获得某种特定利益的时候，其他个体就获得不了这种利益。私有制无疑会助长个体追逐利益的欲望，刺激无数个体去卷入竞争的狂潮，以获取更多的占有。也正因如此，私有制必然会走向两极分化，导致一些人无法实现占有。"这种财产的集中是一个规律，它与所有其他的规律一样，是私有制所固有的；中间阶级必然越来越多地消失，直到世界分裂为百万富翁和穷光蛋、大土地占有者和贫穷的短工为止。"①

国民经济学有意地回避了私有制的缺陷，往往将私有制的秩序道德化、永恒化，夸大了人性中希望占有的一面。于是，以私有制为基础的竞争被推广开来，作为强化私有制的力量而被蒙上合法、合人性的面纱。私有制原本只是在人类发展历史长

---

① 《马克思恩格斯文集》第1卷，人民出版社2009年版，第83—84页。

河中逐渐形成的、适应当下生产力发展水平的一种制度，但现在在国民经济学家口中却变成了最符合人性的制度设计和永恒的"真理"。他们给出的理由往往是"自私自利的人性"，觉得人性不会变，私有制就不可能变，这使得他们的理论看似无懈可击。

国民经济学本质上服务于"自私自利"，却喜欢在表面上加以伪善的修饰，将个人的获利动机道德化、将人与人之间的伤害合理化。恩格斯一语道破其本质："这种从商人的彼此妒忌和贪婪中产生的国民经济学或发财致富的科学，在额角上带有最令人厌恶的自私自利的烙印。"① 他将这种学说归结为"私经济学"，"因为在这种科学看来，社会关系只是为了私有制而存在"②。可以理解为，国民经济学是私有制这种生产关系的高级思想附属品。

与之相对，在恩格斯看来，真正有意义的政治经济学应当是以社会的福祉为最终目标，而不是成为个别人发财致富的科学；应当服务于社会的进步

---

① 《马克思恩格斯文集》第1卷，人民出版社2009年版，第56页。
② 《马克思恩格斯文集》第1卷，人民出版社2009年版，第60页。

以私有制为基础的竞争被推广开来，作为强化私有制的力量而被蒙上合法、合人性的面纱。

是否"良方"

而不是个人的私欲。国民经济学是在私有制基础上进行理论建构，既然私有制是充满矛盾的，国民经济学的学说中也就必然蕴含着矛盾。恩格斯正是透过这种学说，把握到了背后的现实问题，通过批判国民经济学，阐述私有制带来的问题以及其所蕴含的明显矛盾，从而为理论上探讨"消灭私有制"创造了条件。

3. "消灭私有制"是必然的历史走向

国民经济学本质上是在确认私有制永恒的基础上进行的理论尝试。今天一些经济学说依然如此，把私有制看作不可改变的、永恒的现象，在此基础上进行理论建构，因此纷纷成为新的"私经济学"，成为发财致富的学问。

在《大纲》中，恩格斯针对私有制和竞争带来的问题，明确提出了消灭私有制的主张，并认为私有制的消灭将会结束现代社会的矛盾冲突。"只要我们消灭了私有制，这种反常的分离就会消失；劳动就会成为它自己的报酬，而以前被让渡的工资的真正意义，即劳动对于确定物品的生产费用的意义，也就会清清楚楚地显示出来。"①

可惜的是，恩格斯在这个时候没有对私有制如何产生、如何消灭私有制进行系统论述。直到晚年在《家庭、私有制和国家的起源》中，他才深入到人类历史中，揭示出私有制的产生与发展的过程。在这里，我们应该把握住恩格斯理论的基本点：私有制不是"千年王国"，它只是人类创造出来的一个历史的制度，未来也必然被历史地扬弃。私有制的消灭是人类社会发展的必然结果，一定意义上来说正是自由贸易、自由精神必然造成的结果，"正如神学不回到迷信，就得前进到自由哲学一样，贸易自由必定一方面造成垄断的恢复，另一方面造成私有制的消灭"②。

消灭私有制不是一蹴而就的，而是需要一个漫长的生产力发展过程。但私有制的消灭也绝不是空等可以实现的，需要在遵循客观规律基础上不懈努力。公有制的制度可以逐步被确立、推广，分配制度也将不断完善，朝向对广大劳动者有利的方向

---

① 《马克思恩格斯文集》第 1 卷，人民出版社 2009 年版，第 72 页。

② 《马克思恩格斯文集》第 1 卷，人民出版社 2009 年版，第 59 页。

前进，最终实现消灭私有制的目标。消灭私有制是可能的，也是必然的。恩格斯基于对私有制弊病和根源的深刻洞察，作出消灭私有制的科学判断，也大体上指明了制度改造的方向。

现实中消灭私有制需要经过漫长的历史进程，也需要现代国家的实践探索。中国做的尝试就是坚持公有制的主体地位，根据发展生产力的需要，允许多种所有制经济共同发展逐步实现共同富裕。这种方案有力地规制了资本的无序扩张，限制了竞争的自由放任逻辑，显示出强大的生命力。我们相信，这一制度必将在未来不断完善，这将是对恩格斯学说的最好继承与发展。

五、竞争将走向何方？

《大纲》是以批判国民经济学及其相关范畴为主题的著作，但也流露出恩格斯对未来社会的追求，包括对竞争未来走向的设想。我们无法在当下消灭竞争生成的根源，也不可能不允许竞争，那么面对竞争带来的困境，人类社会的希望在哪？应该如何解决竞争带来的问题，或者说，我们需要什么样的竞争？

1. 面对竞争的"经济学上的绝望"

恩格斯发现当时出现了一个"怪诞状况"：经济萧条的时候，人民自然生活困难，但在生产力大大过剩的阶段，还是会出现广大人民群众无以为生、一些人纯粹由于过剩而饿死的状况。①

---

① 《马克思恩格斯文集》第1卷，人民出版社2009年版，第77页。

国民经济学家无法解释这种状况，不敢承认这种矛盾是竞争的结果，也无法提出解决问题的路径。恩格斯专门提到了经济学家托马斯·马尔萨斯（Thomas Malthus）发明的人口论，借以说明国民经济学家不敢正视竞争难题，反而还为这种状况进行了合理解释。

在马尔萨斯看来，之所以会出现过剩人口，是因为人口固有的繁衍速度超出可支配生活资料增长的速度。"人口，在无所妨碍时，以几何级数率增加。生活资料，只以算术级数率增加。略有数学知识的人，就会知道，与后一种力比较，前一种力是怎样巨大。"① 过剩人口因此是不可避免的，必然有人无法被养活，从而陷入贫困甚至饿死。人口过度繁殖就是一切贫困的原因，让贫困人口摆脱贫困注定是无法实现的。而且贫困是抑制人口过度繁殖且以此达到自然法则平衡的重要方式。

这一学说因此被恩格斯称为"经济学上的绝望"②。恩格斯花了不少的篇幅来分析人口论："这

---

① ［英］托马斯·马尔萨斯：《人口论》，郭大力译，北京大学出版社 2008 年版，第 6 页。

② 《马克思恩格斯文集》第 1 卷，人民出版社 2009 年版，第 81 页。

种学说的创始人马尔萨斯断言，人口总是威胁着生活资料，一当生产增加，人口也以同样比例增加，人口固有的那种其繁衍超过可支配的生活资料的倾向，是一切贫困和罪恶的原因。因此，在人太多的地方，就应当用某种方法把他们消灭掉：或者用暴力将他们杀死，或者让他们饿死。可是这样做了以后，又会出现一个空隙，这个空隙又会马上被另一次繁衍的人口填满，于是，以前的贫困又开始到来。"①

所谓的人口过剩本身是人与人竞争，尤其是资本与劳动、资本与资本、劳动与劳动之间竞争带来的问题。但马尔萨斯却有意避开这些现代社会的核心矛盾，只把目光放在土地上，试图用"人口本性"来解释问题，并且认为从古至今都是如此，因此显得荒谬。恩格斯讽刺道，如果人口论真的在任何时代都适用，那么"我们就得承认：当地球上只有一个人的时候，就已经人口过剩了"②。

如果只是对马尔萨斯的理论进行批判，就会影

---

① 《马克思恩格斯文集》第 1 卷，人民出版社 2009 年版，第 78 页。
② 《马克思恩格斯文集》第 1 卷，人民出版社 2009 年版，第 78 页。

拦路虎

响到对真正的社会现实问题的洞察。恩格斯意识到这一学说对于理解竞争所带来的社会困境的意义，"我们由于这个理论才开始明白人类的极端堕落，才了解这种堕落依存于竞争关系；这种理论向我们指出，私有制如何最终使人变成了商品，使人的生产和消灭也仅仅依存于需求；它由此也指出竞争制度如何屠杀了并且每日还在屠杀着千百万人"①。

马尔萨斯的人口论如果有积极意义的话，就是让人们看到，竞争正是贫困、穷苦、犯罪的原因，人类社会应该直面和应对竞争，解决竞争带来的问题。必须对未来的竞争提出合理规划，而不是对这种现象做出一个看似合理的解释，不是让人们无奈地、悲观地接受贫困和罪恶的现实，更不是让人们沉浸在自由竞争的理想口号中。

2. "第三要素"或"精神要素"是希望所在

当时的经济学家们并不是没有去寻找解决的思路。基本思路大体上可以分为两种，第一种主张以

---

① 《马克思恩格斯文集》第 1 卷，人民出版社 2009 年版，第 82 页。

更彻底、更全面的竞争来解决竞争带来的问题。19世纪初，劳动力商品化、资源市场化等追求自由竞争的政策受到抵制，主流经济学将这种政策的失败归结于市场化不完全、自由竞争不彻底，认为正是非自由竞争场域的存在才使得"看不见的手"无法发挥应有的作用，带来了现代社会的困境。福柯对这种观点有个归纳，即"应该消除的不是竞争的诸多反社会（anti - sociaux）的后果，而是可能由社会引发的、无论什么条件下在社会中都可能会出现的诸多反竞争（anti - concurrentiels）机制"①。这种思路无疑还是沉浸在自由竞争的理想中不能自拔，还是把完全的市场、自由的竞争作为包治百病的药。

与之相对，第二种思路是主张全面放弃竞争，甚至要求用垄断来取代竞争。重商主义的复归是典型的表现形式。在恩格斯看来，自由主义经济学归根到底是从重商主义发展而来的，竞争的源头仍然是垄断。所以，这种全面放弃自由竞争、走向垄断

----

① ［法］米歇尔·福柯：《生命政治的诞生》，莫伟民、赵伟译，上海人民出版社 2018 年版，第 213 页。

的主张并不新鲜，而只是一种历史的倒退，是保守派为了迎合自己的利益开出的"普遍药方"。

与国民经济学家不同，面对竞争带来的困境，恩格斯是乐观的，他相信不能返回过去，而应该去未来探寻解决方案；恩格斯同时也是务实的，他注重观察现实生活中蕴含着的突破性要素，并基于科学的判断做出展望。

恩格斯立论的基点，在于生产力，在于科学这一"第三要素"的作用。"人类支配的生产力是无法估量的。资本、劳动和科学的应用，可以使土地的生产能力无限地提高"[1]，"即使我们假定，由于增加劳动而增加的收获量，并不总是与劳动成比例地增加，这时仍然还有一个第三要素，一个对经济学家来说当然是无足轻重的要素——科学，它的进步与人口的增长一样，是永无止境的，至少也是与人口的增长一样快"[2]。

要知道，恩格斯写作《大纲》时是 19 世纪中叶，当时全球仅有不到 12 亿人口，贫困盛行，他却

---

[1] 《马克思恩格斯文集》第 1 卷，人民出版社 2009 年版，第 77 页。

[2] 《马克思恩格斯文集》第 1 卷，人民出版社 2009 年版，第 82 页。

已经捕捉到日新月异的科技变化对人类社会的变革性意义。今天全球有超过80亿人口,在科学的推动下,人类可支配的资源增长速度超过了人口增速,这无疑是人类社会发展对恩格斯论述的最有力支持。

恩格斯还把第三要素称为精神要素,关注到了发明和思想的作用,"劳动包括资本,并且除资本之外还包括经济学家没有想到的第三要素,我指的是简单劳动这一肉体要素以外的发明和思想这一精神要素"①。作为劳动、资本以外的第三要素或精神要素,其实就是我们今天常常说的创新,这不仅是"新鲜血液",更是"造血干细胞",是推动生产力进步、人类社会产生结构性变革的关键要素。

恩格斯解决竞争困境的思路由此生发出来,他不是将劳动一成不变地分解为"活劳动"和"死劳动"(资本),而是指出资本与劳动之外的具有一定独立性的第三要素,强调劳动过程中的科学、发明、思想等要素的革命性作用,这些力量是人类社会走出竞争困境的泉源,是人类社会实现一个又一个理想目标的不竭动力。如果看不到这些力量的作

---

① 《马克思恩格斯文集》第1卷,人民出版社2009年版,第67页。

用，那只能得出悲观的结论。

3. 走向"合理的竞赛"或"真正的竞争"

生产力的提升，第三要素或精神要素的作用，不是天然或自然而然就能带来好的结果，如果不能自觉运用、合理运用，反而可能会加剧社会的对立和冲突。"资本日益增加，劳动力随着人口的增长而增长，科学又日益使自然力受人类支配。这种无法估量的生产能力，一旦被自觉地运用并为大众造福，人类肩负的劳动就会很快地减少到最低限度。要是让竞争自由发展，它虽然也会起同样的作用，然而是在对立之中起作用。"①

要克服竞争带来的种种困境，就不能任由竞争自由发展。只讲生产能力提升不行，只讲科学、发明、思想发挥作用也不行，必须得有前提，那就是生产能力以及科学、发明、思想得是用来为大众造福的，得是自觉运用、合理运用。恩格斯在脑海中已经隐约出现替代方案，他真正反对的是竞争的无

---

① 《马克思恩格斯文集》第1卷，人民出版社2009年版，第77页。

节制的自由发展，不是要消灭竞争，而是要矫正竞争不合理的关系，让竞争回到自己应该处在的位置上，为生产本身服务，为大众造福。

《大纲》在字里行间提到过"真正的竞争"与"合理的竞赛"，这两个词值得深入考察。"真正的竞争"出现在恩格斯对私有制消灭之后的地租的分析中。他区分了两种竞争，一种是私有制框架下的、国民经济学家推崇的所谓的自由竞争；另一种则是非私有制下的竞争，即真正的竞争。在他看来，私有制下的所谓自由竞争注定没办法使得地租表现出土地真正的价值，而在消除了私有制之后，"真正的竞争"就会做到。

"合理的竞赛"一词出现在恩格斯对傅立叶的肯定语句中，他认为傅立叶提供了解决社会生产力与消费者矛盾的重要思路，"在这种情况下，主体的竞争，即资本对资本、劳动对劳动的竞争等等，被归结为以人的本性为基础并且到目前为止只有傅立叶作过差强人意的说明的竞赛，这种竞赛将随着对立利益的消除而被限制在它特有的和合理的范围内"①。

---

① 《马克思恩格斯文集》第 1 卷，人民出版社 2009 年版，第 76 页。

这一段话出现了竞争与竞赛两个相似的词，德语原文实际上是三个词，分别是 Konkurrenz，Wettstreit，Wetteifer。Konkurrenz 的意思偏向于经济学意义上的经济现象，如企业与企业之间的竞争；Wettstreit 与 Wetteifer 也有竞争的意思，但更多的是广泛意义上的比赛，一般指的是为了获得最佳表现而进行的互相赶超的竞赛，具有追求高水平、高标准的超越的意味，带有更高尚的目标追求。竞赛显然与普通意义的竞争不同，可以理解为一种替代方案的出场。

现实中的竞争的问题，要通过对竞争进行重新改造来解决。无论是"真正的竞争"还是"合理的竞赛"，都代表着恩格斯对人类未来社会的良序竞争状态的期许。

4. 用扬弃矛盾的办法消灭矛盾

解决竞争的问题，恩格斯最终提出的是："我们干脆用扬弃矛盾的方法消灭矛盾。"[①] 扬弃矛盾的

———————

① 《马克思恩格斯文集》第1卷，人民出版社2009年版，第81页。

方法是什么样的方法呢？恩格斯没有详细说明，我们可以大胆地进行推测。

扬弃矛盾的办法是，不放任现成的生产关系"自由"发展，而是积极调整生产关系以实现利益融合。"如果生产者自己知道消费者需要多少，如果他们把生产组织起来，并且在他们中间进行分配，那么就不会有竞争的波动和竞争引起危机的倾向了。"① 关键是要组织起来生产，而不是无计划的、无序的生产，"社会应当考虑，靠它所支配的资料能够生产些什么，并根据生产力和广大消费者之间的这种关系来确定，应该把生产提高多少或缩减多少，应该允许生产或限制生产多少奢侈品"②。

恩格斯这里要说的不仅仅是一种制度安排，更是一种分配理念，这种分配要求消除生产与分配之间的隔阂和不对称。这需要市场和竞争，也需要政府调节，需要一次分配、二次分配乃至第三次分配，才能尽可能地弥补生产与消费之间的不对称关系。

---

① 《马克思恩格斯文集》第1卷，人民出版社2009年版，第74—75页。

② 《马克思恩格斯文集》第1卷，人民出版社2009年版，第76页。

用扬弃矛盾的办法消灭矛盾，要追求的竞争不是建立在利益对立基础上的竞争，而是有利于实现共同利益、实现不同竞争主体利益协调基础上的真正的竞争或合理的竞赛。要消灭竞争带来的利益对立，使对立的利益能够融合，关键是要把握竞争"为了什么"这个根本问题，不是为了资本增殖、为了竞争而竞争，而是为了社会的整体福祉、为了每个普通个体生活的提升。

用扬弃矛盾的办法消灭矛盾，要追求的竞争是以人的真正本性为基础的合理竞争，是人在积极追求中实现人生价值的竞争，这一竞争强调人本身不应当被降格为要素、商品、动物或机器，反对损人利己，主张要以共同体的复归为追求，要为"人类与自然的和解以及人类本身的和解开辟道路"①。

此时重新审视恩格斯所说的"特有的合理的范围内"的竞争，便会感到豁然开朗。也就是说，取代自由竞争的将是那样一个景象：人们以共同体的幸福为目标，进行生产领域的竞赛，将注意力放在生产的创新上，为共同体产生更多的贡献。人与人

---

① 《马克思恩格斯文集》第 1 卷，人民出版社 2009 年版，第 63 页。

随着人类文明的进步，随着集体福利和社会
保障的增加，以资源紧缺为基础的生存竞争
会不断弱化，越来越多的人将会在更加愉悦
的精神状态和生活状态下劳动。

愉悦劳动

的利益不是对立的，而是统一的，竞争使得每个人过得更好而不是更差，竞争使得共同体更加繁荣而不是衰落。

应该看到，随着人类文明的进步，随着集体福利和社会保障的增加，以资源紧缺为基础的生存竞争会不断弱化，越来越多的人将会在更加愉悦的精神状态和生活状态下劳动。人类社会将扬弃自由竞争虚假的自由，保留真正的竞争，以达到对创新的激励效果、形成良性竞赛的局面，从而实现真正的自由。

☞**当代回响**

躺平，想说爱你不容易

当内卷受到热捧之后，躺平紧随其后，也迅速走红。它和内卷一样，成为我们生活的时代当之无愧的"热词"，而且两个词往往一起出现。有人喜欢将躺平看作逃离内卷的一种方法，最常说的话就是"这个社会太卷了，我还是躺平吧"。

对躺平一词进行严谨的学术定义无疑是困难的，它与内卷不同，没有学术渊源。如果追溯它的

"前身"，那应该是诸如"躺赢"这种"躺"字族表达与"佛系"这种对人的低欲望状态的描述话语。

躺赢指的是自己不费吹灰之力，仅仅凭借队友的强大或对手的失误，就取得了胜利。躺平表达的含义同样也包括对于努力奋斗的拒斥甚至是嘲讽，但与躺赢不同，它并不追求胜利和成功，而是秉持着一种安于平淡的生活与平庸的现状的心理，因此更类似于"佛系"一词，用以描绘一种反主流的与世无争的低欲望生活状态。

从个人生活与国家治理的角度来看，躺平一词折射出两种重要的社会心态，第一种是对激烈竞争环境的逃离。它代表了很多人想退出激烈竞争的舞台的意愿，代表了一种人生态度。有的人其实生活水平已经不差，不再愁吃穿，感觉自己看透了很多事情，在人生阅历丰富之后追求自己想要的生活，不想再因为无法满足的欲望而带来不必要的烦扰；也有些人虽然生活水平一般，但是比起激烈的竞争，宁愿过低欲望的生活，把自己的消费力降低，从而避免去参与生产力的竞争。

第二种心态则是对现实中遇到难题的回避。比如觉得竞争过于激烈，认为即使付出很多也很难取得想要的结果，所以不如索性躺平；再比如觉得能力有限、根本解决不了问题，无力应对挑战，不得不去躺平；还有的人是把躺平当成逃避的借口，把自己"不能干"包装成"不想干"等。

应该说，每个人选择或者想去躺平都会有不同的原因，区分不同躺平背后的"不能干""不想干""不敢干"的状态显得尤为重要。

对于"不能干"的躺平，必须给予一定的理解，但也要认识到能力是可以提升的，而且往往会在客观环境倒逼作用下得到迅速提升。躺平不是长久之计，躺到最后只会越躺越"不得不躺"，不仅白白错过提升能力的机遇，而且也让自己陷入愈发被动的局面。

对于"不想干"的躺平，必须加以区分，究竟是在追求一种高尚的人生境界，还是单纯消极逃避一切竞争？过着低欲望的躺平生活，也可以有着更高的追求。现实中真正做到躺平并不容易，即使个人的欲望可以很低，身上肩负的家庭责任、社会责任仍然很重。单纯消极逃避一切竞争是不可取的，也是不可能的。

所谓"躺平"

对于"不敢干"的躺平，这是我们应该超越的。很多人不去竞争，不是不能竞争、不想竞争，而是不敢竞争，担心付出没有回报，担心一出手就"黔驴技穷"、惹人嘲笑，所以宁愿躺平，掩饰自己的胆怯。每个人都有胆怯的时候，这本身没什么问题，但是如果生活中处处充满胆怯，很可能就一事无成，最终从"不敢干"变成了"不能干"。事实上，只有敢于去竞争，才能在竞争中得到提升，才能更好地去竞争。

现实中，我们每个人，偶尔的躺平语言和心态，都是可以理解的。如果在兼顾好社会责任的基础上，追求人生的超脱境界，是值得点赞的。但绝不能因为碰到一时的困难，就选择放弃，人都要在社会上生活，应该在积极作为中找到自己的价值和意义。

结语　我们该如何面对竞争？

在我们所生活的时代，我们每个人都是竞争者，都不得不面对竞争。我们希望享有参与竞争的机会，又害怕竞争的不确定性结果。我们会在竞争成功之时感受巨大喜悦、信心爆棚，也会在竞争失败之时黯然神伤乃至怀疑人生。

竞争有其美好的一面，它给参与者施展才华的空间，给社会以活力，可以起到推动生产力发展、社会进步的作用，也可以起到推动每个人步履不停、不懈提升自己素养和能力的作用。竞争也有不好的一面，我们会看到竞争对竞争者自利动机的塑造，看到竞争造成的人与人的互相伤害，看到如一些人感叹的人情冷漠、世态炎凉。

无论好与不好，也不管是否如我们所愿，竞争就是存在着，就是牢固地存在于我们的社会生活中。竞争归根结底是一种关系，是一种不被竞争中的人所能掌控的关系。但反过来说，竞争既然是我们人与人构成的关系，那也就有掌控的可能性。掌握我们命运的应该是我们自己。

应该认识到，竞争并不必然带来自由，不受节制的竞争只能带来少数人的自由和大多数人的不自由，到头来注定是所有人的身不由己与无能为力。要实现大多数人的自由，就要加强对竞争的引导，而不是让竞争任性发展、野蛮生长。实现自由的力量不可能只靠"看不见的手"，还要靠"看得见的手"，更好地发挥政府的作用。

在参与竞争中如果只顾自己的利益，注定无法最大程度地实现自己的利益。如果过度追求自己的自由，注定无法达到自己想要的自由之境。我们需要在竞争中实现自由，实现自己的自由，更需要实现他人的自由，因为只有实现他人的自由才能同时实现自己的自由。在这样一个竞争的社会环境中，我们要追求的自由，注定是彼此支撑着的自由。我们要追求的应该是每个人的自由发展，这是其他人自由发展的条件而不是障碍。

竞争不是最后的目的，竞争只是手段。竞争不是我们的归宿，而是我们迈向美好社会的起点。

只顾自己

我们希望竞争是自由的，更希望竞争是公平的。今天，我们更应该追求合作的竞争、公平的竞争，走向以共同体为基础、以共同目标为指向的合作与公平的竞争。追求这样的竞争，"人"不应该是一个经济实体、利己个体，而应该是一个更为广义的社会实体、利他主体；人不能是只看到自己利益的"原子化市民"，而应该是具备社会属性、自觉追求公共利益的"社会性个人"。

当我们每个人认识到，只有让他人、让社会变得更好才有可能让自己变得更好，自觉追求在让自己的生活变得更好的同时也致力于让他人、让社会变得更好，竞争就不再是制约每个人、不受人所操控的物化关系，就会开辟出通往大多数人自由全面发展的道路。

附录 《国民经济学批判大纲》

国民经济学的产生是商业扩展的自然结果，随着它的出现，一个成熟的允许欺诈的体系、一门完整的发财致富的科学代替了简单的不科学的生意经。

这种从商人的彼此妒忌和贪婪中产生的国民经济学或发财致富的科学，在额角上带有最令人厌恶的自私自利的烙印。人们还有一种幼稚的看法，以为金银就是财富，因此必须到处从速禁止"贵"金属出口。各国像守财奴一样相互对立，双手抱住自己珍爱的钱袋，怀着妒忌心和猜疑心注视着自己的邻居。他们使用一切手段尽可能多地骗取那些与自己通商的民族的现钱，并使这些侥幸赚来的钱好好地保持在关税线以内。

如果完全彻底地实行这个原则，那就会葬送商业。因此，人们便开始跨越这个最初的阶段。他们意识到，放在钱柜里的资本是死的，而流通中的资本会不断增殖。于是，人们变得比较友善了，人们开始把自己的杜卡特当做诱鸟放出去，以便把别人的杜卡特一并引回来，并且认识到，多花一点钱买甲的商品一点也不会吃亏，只要能以更高的价格把它卖给乙就行了。

重商主义体系就建立在这个基础上。商业的贪婪性已多少有所遮掩；各国多少有所接近，开始缔结通商友好条约，彼此做生意，并且为了获得更大的利润，甚至尽可能地互相表示友爱和亲善。但是实质上还是同从前一样贪财和自私，当时一切基于商业角逐而引起的战争就时时露出这种贪财和自私。这些战争也表明：贸易和掠夺一样，是以强权为基础的；人们只要认为哪些条约最有利，他们就甚至会昧着良心使用诡计或暴力强行订立这些条约。

贸易差额论是整个重商主义体系的要点。正因为人们始终坚持金银就是财富的论点，所以他们认为只有那最终给国家带来现金的交易才是赢利交易。为了说明这一点，他们以输出和输入作比较。如果输出大于输入，那么他们就认为这个差额会以现金的形式回到本国，国家也因这个差额而更富裕。因此经济学家的本事就是要设法使输出和输入到每年年底有一个顺差。为了这样一个可笑的幻想，竟有成千上万的人被屠杀！商业也有了它的十字军征讨和宗教裁判所。

18 世纪这个革命的世纪使经济学也发生了革命。然而，正如这个世纪的一切革命都是片面的并且停留在对立的状态中一样，正如抽象的唯物主义和抽象的唯灵论相对立，共和国和君主国相对立，社会契约和神权相对立一样，经济学的革命也未能克服对立。到处依然存在着下述前提：唯物主义不抨击基督教对人的轻视和侮辱，只是把自然界当做一种绝对的东西来代替基督教的上帝而与人相对立；政治学没有想去检验国家的各个前提本身；经济学没有想去过问私有制的合理性的问题。因此，新的经济学只前进了半步；它不得不背弃和否认它自己的前提，不得不求助于诡辩和伪善，以便掩盖它所陷入的矛盾，以便得出那些不是由它自己的前提而是由这个世纪的人道精神得出的结论。这样，经济学就具有仁爱的性质；它不再宠爱生产者，而转向消费者了；它假惺惺地对重商主义体系的血腥恐怖表示神圣的厌恶，并且宣布商业是各民族、各个人之间的友谊和团结的纽带。一切都显得十分辉煌壮丽，可是上述前提马上又充分发挥作用，而且创立了与这种伪善的博爱相对立的马尔萨斯人口论，这种理论是迄今存在过的体系中最粗陋最野蛮的体系，是一种彻底否定关于仁爱和世界公民的一切美好言词的绝望体系；这些前提创造并发展了工厂制度和现代的奴隶制度，这种奴隶制度就它的无人性和残酷性来说不亚于古代的奴隶制度。新的经济学，即以亚当·斯密的《国富论》为基础的自由贸易体系，也同样是伪善、前后不一贯和不道德的。这种伪善、前后不一贯和不道德目前在一切领域中与自由的人性处于对立的地位。

可是，难道说亚当·斯密的体系不是一个进步吗？当然是进步，而且是一个必要的进步。为了使私有制的真实的后果能够显露出来，就有必要摧毁重商主义体系以及它的垄断和它对商业关系的束缚；为了使当代的斗争能够成为普遍的人类的斗争，就有必要使所有这些地域的和国家的小算盘退居次要的地位；有必要使私有制的理论抛弃纯粹经验主义的、仅仅是客观主义的研究方法，并使它具有一种也对结果负责的更为科学的性质，从而使问题涉及全人类的范围；有必要通过对旧经济学中包含的不道德加以否定的尝试，并通过由此产生的伪善——这种尝试的必然结果——而使这种不道德达于极点。这一切都是理所当然的。我们乐于承认，只有通过对贸易自由的论证和阐述，我们才有可能超越私有制的经济学，然而我们同时也应该有权指出，这种贸易自由并没有任何理论价值和实践价值。

我们所要评判的经济学家离我们的时代越近，我们对他们的判决就必定越严厉。因为斯密和马尔萨斯所看到的现成的东西只不过是一些片断，而在新近的经济学家面前却已经有了一个完整的体系；一切结论已经作出，各种矛盾已经十分清楚地显露出来，但是，他们仍不去检验前提，而且还是对整个体系负责。经济学家离我们的时代越近，离诚实就越远。时代每前进一步，为把经济学保持在时代的水平上，诡辩术就必然提高一步。因此，比如说，李嘉图的罪过比亚当·斯密大，而麦克库洛赫和穆勒的罪过又比李嘉图大。

新近的经济学甚至不能对重商主义体系作出正确的评判，因为它本身就带有片面性，而且还受到重商主义体系的各个前提的拖累。只有摆脱这两种体系的对立，批判这两种体系的共同前提，并从纯粹人的、普遍的基础出发来看问题，才能够给这两种体系指出它们的真正的地位。那时大家就会明白，贸易自由的捍卫者是一些比旧的重商主义者本身更为恶劣的垄断者。那时大家就会明白，在新经济学家的虚伪的人道背后隐藏着旧经济学家闻所未闻的野蛮；旧经济学家的概念虽然混乱，与攻击他们的人的口是心非的逻辑比较起来还是单纯的、前后一贯的；这两派中任何一派对另一派的指责，都不会不落到自己头上。因此，新的自由主义经济学也无法理解李斯特为什么要恢复重商主义体系，而这件事我们却觉得很简单。前后不一贯的和具有两面性的自由主义经济学必然要重新分解为它的基本组成部分。正如神学不回到迷信，就得前进到自由哲学一样，贸易自由必定一方面造成垄断的恢复，另一方面造成私有制的消灭。

自由主义经济学达到的唯一肯定的进步，就是阐述了私有制的各种规律。这种经济学确实包含这些规律，虽然这些规律还没有被阐述为最后的结论，还没有被清楚地表达出来。由此可见，在涉及确定生财捷径的一切地方，就是说，在一切严格意义的经济学上的争论中，贸易自由的捍卫者们是正确的。当然，这里指的是与支持垄断的人争论，而不是与反对私有制的人争论，因为正如英国社会主义者早就在实践中和理论上证明的那样，反对私有制的人能够从经济的观点比较正确地解决经济问题。

因此，我们在批判国民经济学时要研究它的基本范畴，揭露自由贸易体系所产生的矛盾，并从这个矛盾的两个方面作出结论。

————

国民财富这个用语是由于自由主义经济学家努力进行概括才产生的。只要私有制存在一天，这个用语便没有任何意义。英国人的"国民财富"很多，他们却是世界上最穷的民族。人们要么完全抛弃这个用语，要么采用一些使它具有意义的前提。国民经济学，政治经济学，公共经济学等用语也是一样。在目前的情况下，应该把这种科学称为私经济学，因为在这种科学看来，社会关系只是为了私有制而存在。

————

私有制产生的最直接的结果就是商业，即彼此交换必需品，亦即买和卖。在私有制的统治下，这种商业与其他一切活动一样，必然是经商者收入的直接源泉；就是说，每个人必定要尽量设法贱买贵卖。因此，在任何一次买卖中，两个人总是以绝对对立的利益相对抗；这种冲突带有势不两立的性质，因为每一个人都知道另一个人的意图，知道另一个人的意图是和自己的意图相反的。因此，商业所产生的第一个后果是：一方面互不信任，另一方面为这种互不信任辩护，采取不道德的手段来达到不道德的目的。例如，商业的第一条原则就是对一切可能降低有关商品的价格的事情都绝口不谈，秘而不宣。由此可以得出结论：在商业中允许利用对方的无知和轻信来取得最大利益，并且也同样允许夸大自己的商品本来没有的品质。总而言之，商业是合法的欺诈。任何一个商人，只要他说实话，他就会证明实践是符合这个理论的。

重商主义体系在某种程度上还具有某种纯朴的天主教的坦率精神，它丝毫不隐瞒商业的不道德的本质。我们已经看到，它怎样公开地显露自己卑鄙的贪婪。18世纪民族间的相互敌视、可憎的妒忌以及商业角逐，都是贸易本身的必然结果。社会舆论既然还不具有人道精神，那么何必要掩饰从商业本身的无人性的和充满敌意的本质中所产生的那些东西呢？

但是，当经济学的路德，即亚当·斯密，批判过去的经济学的时候，情况大大地改变了。时代具有人道精神了，理性起作用了，道德开始要求自己的永恒权利了。强迫订立的通商条约、商业战争、民族间的严重孤立状态与前进了的意识异常激烈地发生冲突。新教的伪善代替了天主教的坦率。斯密证明，人道也是由商业的本质产生的，商业不应当是"纠纷和敌视的最丰产的源泉"，而应当是"各民族、各个人之间的团结和友谊的纽带"（参看《国富论》第4卷第3章第2节）；理所当然的是，商业总的说来对它的一切参加者都是有利的。

斯密颂扬商业是人道的，这是对的。世界上本来就没有绝对不道德的东西；商业也有对道德和人性表示尊重的一面。但这是怎样的尊重啊！当中世纪的强权，即公开的拦路行劫转到商业时，这种行劫就变得具有人道精神了；当商业上以禁止货币输出为特征的第一个阶段转到重商主义体系时，商业也变得具有人道精神了。现在连这种体系本身也变得具有人道精神了。当然，商人为了自己的利益必须与廉价卖给他货物的人们和高价买他的货物的人们保持良好的关系。因此，一个民族要是引起它的供应者和顾客的敌对情绪，就太不明智了。它表现得越友好，对它就越有利。这就是商业的人道，而滥用道德以实现不道德的意图的伪善方式就是自由贸易体系引以自豪的东西。伪君子叫道：难道我们没有打倒垄断的野蛮吗？难道我们没有把文明带往世界上遥远的地方吗？难道我们没有使各民族建立起兄弟般的关系并减少了战争次数吗？不错，这一切你们都做了，然而你们是怎样做的啊！你们消灭了小的垄断，以便使一个巨大的根本的垄断，即所有权，更自由地、更不受限制地起作用；你们把文明带到世界的各个角落，以便赢得新的地域来扩张你们卑鄙的贪欲；你们使各民族建立起兄弟般的关系——但这是盗贼的兄弟情谊；你们减少了战争次数，以便在和平时期赚更多的钱，以便使各个人之间的敌视、可耻的竞争战争达到登峰造极的地步！你们什么时候做事情是从纯粹的人道出发，是从普遍利益和个人利益之间的对立毫无意义这种意识出发的呢？你们什么时候讲过道德，而不图谋私利，不在心底隐藏一些不道德的、利己的动机呢？

自由主义的经济学竭力用瓦解各民族的办法使敌对情绪普遍化，使人类变成一群正因为每一个人具有与其他人相同的利益而互相吞噬的凶猛野兽——竞争者不是凶猛野兽又是什么呢？自由主义的经济学做完这个准备工作之后，只要再走一步——使家庭解体——就达到目的了。为了实现这一点，它自己美妙的发明即工厂制度助了它一臂之力。共同利益的最后痕迹，即家庭的财产共有被工厂制度破坏了，至少在这里，在英国已处在瓦解的过程中。孩子一到能劳动的时候，就是说，到了九岁，就靠自己的工钱过活，把父母的家只看做一个寄宿处，付给父母一定的膳宿费。这已经是很平常的事了。还能有别的什么呢？从构成自由贸易体系的基础的利益分离，还能产生什么别的结果呢？一种原则一旦被运用，它就会自行贯穿在它的一切结果中，不管经济学家们是否乐意。

然而，经济学家自己也不知道他在为什么服务。他不知道，他的全部利己的论辩只不过构成人类普遍进步的链条中的一环。他不知道，他瓦解一切私人利益只不过替我们这个世纪面临的大转变，即人类与自然的和解以及人类本身的和解开辟道路。

————

商业形成的第一个范畴是价值。关于这个范畴和其他一切范畴，在新旧两派经济学家之间没有什么争论，因为直接热衷于发财致富的垄断主义者没有多余时间来研究各种范畴。关于这类论点的所有争论都出自新近的经济学家。

靠种种对立活命的经济学家当然也有一种双重的价值：抽象价值（或实际价值）和交换价值。关于实际价值的本质，英国人和法国人萨伊进行了长期的争论。前者认为生产费用是实际价值的表现，后者则说什么实际价值要按物品的效用来测定。这个争论从本世纪初开始，后来停息了，没有得到解决。这些经济学家是什么问题也解决不了的。

这样，英国人——特别是麦克库洛赫和李嘉图——断言，物品的抽象价值是由生产费用决定的。请注意，是抽象价值，不是交换价值，不是 exchangeable value，不是商业价值；至于商业价值，据说完全是另外一回事。为什么生产费用是价值的尺度呢？请听！请听！因为在通常情况下，如果把竞争关系撇开，没有人会把物品卖得低于它的生产费用。没有人会卖吧？在这里，既然不谈商业价值，我们谈"卖"干什么呢？一谈到"卖"，我们就要让我们刚才要撇开的商业重新参加进来，而且是这样一种商业！一种不把主要的东西即竞争关系考虑在内的商业！起初我们有一种抽象价值，现在又有一种抽象商业，一种没有竞争的商业，就是说有一个没有躯体的人，一种没有产生思想的大脑的思想。难道经济学家根本没有想到，一旦竞争被撇开，那就保证不了生产者正是按照他的生产费用来卖自己的商品吗？多么混乱啊！

还不仅如此！我们暂且认为，一切都像经济学家所说的那样。假定某人花了很大的力气和巨大的费用制造了一种谁也不要的毫无用处的东西，难道这个东西的价值也同生产费用一样吗？经济学家回答说，绝对没有，谁愿意买这种东西呢？于是，我们立刻不仅碰到了萨伊的声名狼藉的效用，而且还有了随着"买"而来的竞争关系。经济学家是一刻也不能坚持他的抽象的——这是做不到的。不仅他所竭力避开的竞争，而且连他所攻击的效用，随时都可能突然出现在他面前。抽象价值以及抽象价值由生产费用决定的说法，恰恰都只是抽象的非实在的东西。

我们再一次暂且假定经济学家是对的，那么在不把竞争考虑在内的情况下，他又怎样确定生产费用呢？我们研究一下生产费用，就可以看出，这个范畴也是建立在竞争的基础上的。在这里又一次表明经济学家是无法贯彻他的主张的。

如果我们转向萨伊的学说，我们也会发现同样的抽象。物品的效用是一种纯主观的根本不能绝对确定的东西，至少它在人们还在对立中徘徊的时候肯定是不能确定的。根据这种理论，生活必需品应当比奢侈品具有更大的价值。在私有制统治下，竞争关系是唯一能比较客观地、似乎能大体确定物品效用大小的办法，然而恰恰是竞争关系被撇在一边。但是，只要容许有竞争关系，生产费用也就随之产生，因为没有人会卖得低于他自己在生产上投入的费用。因此，在这里也是对立的一方不情愿地转到另一方。

让我们设法来澄清这种混乱吧！物品的价值包含两个因素，争论的双方都要强行把这两个因素分开，但正如我们所看到的，这是徒劳的。价值是生产费用对效用的关系。价值首先是用来决定某种物品是否应该生产，即这种物品的效用是否能抵偿生产费用。然后才谈得上运用价值来进行交换。如果两种物品的生产费用相等，那么效用就是确定它们的比较价值的决定性因素。

这个基础是交换的唯一正确的基础。可是，如果以这个基础为出发点，那么又该谁来决定物品的效用呢？单凭当事人的意见吗？这样总会有一人受骗。或者，是否有一种不取决于当事人双方、不为当事人所知悉、只以物品固有的效用为依据的规定呢？这样，交换就只能强制进行，并且每一个人都认为自己受骗了。不消灭私有制，就不可能消灭物品固有的实际效用和这种效用的规定之间的对立，以及效用的规定和交换者的自由之间的对立；而私有制一旦被消灭，就无须再谈现在这样的交换了。到那个时候，价值概念的实际运用就会越来越限于决定生产，而这也是它真正的活动范围。

然而，目前的情况怎样呢？我们看到，价值概念被强行分割了，它的每一个方面都叫嚷自己是整体。一开始就为竞争所歪曲的生产费用，应该被看做是价值本身。纯主观的效用同样应该被看做是价值本身，因为现在不可能有第二种效用。要把这两个跛脚的定义扶正，必须在两种情况下都把竞争考虑在内；而这里最有意思的是：在英国人那里，竞争代表效用而与生产费用相对立，在萨伊那里则相反，竞争带来生产费用而与效用相对立。但是，竞争究竟带来什么样的效用和什么样的生产费用！它带来的效用取决于偶然情况、时尚和富人的癖好，它带来的生产费用则随着需求和供给的偶然比例而上下波动。

实际价值和交换价值之间的差别基于下述事实：物品的价值不同于人们在买卖中为该物品提供的那个所谓等价物，就是说，这个等价物并不是等价物。这个所谓等价物就是物品的价格，如果经济学家是诚实的，他就会把等价物一词当做"商业价值"来使用。但是，为了使商业的不道德不过于明显地暴露出来，他总得保留一点假象，似乎价格和价值以某种方式相联系。说价格由生产费用和竞争的相互作用决定，这是完全正确的，而且是私有制的一个主要的规律。经济学家的第一个发现就是这个纯经验的规律；接着他从这个规律中抽去他的实际价值，就是说，抽去竞争关系均衡时、供求一致时的价格，这时，剩下的自然只有生产费用了，经济学家就把它称为实际价值，其实只是价格的一种规定性。但是，这样一来，经济学中的一切就被本末倒置了：价值本来是原初的东西，是价格的源泉，倒要取决于价格，即它自己的产物。

大家知道，正是这种颠倒构成了抽象的本质。关于这点，请参看费尔巴哈的著作。

———

在经济学家看来，商品的生产费用由以下三个要素组成：生产原材料所必需的土地的地租，资本及其利润，生产和加工所需要的劳动的报酬。但人们立即就发现，资本和劳动是同一个东西，因为经济学家自己就承认资本是"积蓄的劳动"。这样，我们这里剩下的就只有两个方面，自然的、客观的方面即土地和人的、主观的方面即劳动。劳动包括资本，并且除资本之外还包括经济学家没有想到的第三要素，我指的是简单劳动这一肉体要素以外的发明和思想这一精神要素。经济学家与发明的精神有什么关系呢？难道没有他参与的一切发明就不会落到他手里吗？有哪一件发明曾经使他花费过什么？因此，他在计算他的生产费用时为什么要为这些发明操心呢？在他看来，财富的条件就是土地、资本、劳动，除此以外，他什么也不需要。科学是与他无关的。尽管科学通过贝托莱、戴维、李比希、瓦特、卡特赖特等人送了许多礼物给他，把他本人和他的生产都提到空前未有的高度，可是这与他有何相干呢？他不懂得重视这些东西，科学的进步超出了他的计算。但是，在一个超越利益的分裂——正如在经济学家那里发生的那样——的合理状态下，精神要素自然会列入生产要素，并且会在经济学的生产费用项目中找到自己的位置。到那时，我们自然会满意地看到，扶植科学的工作也在物质上得到报偿，会看到，仅仅詹姆斯·瓦特的蒸汽机这样一项科学成果，在它存在的头50年中给世界带来的东西就比世界从一开始为扶植科学所付出的代价还要多。

这样，我们就有了两个生产要素——自然和人，而后者还包括他的肉体活动和精神活动。现在我们可以回过来谈谈经济学家和他的生产费用。

————

经济学家说，凡是无法垄断的东西就没有价值。这个论点以后再详细研究。如果我们说：凡是无法垄断的东西就没有价格，那么，这个论点对于以私有制为基础的状态而言是正确的。如果土地像空气一样容易得到，那就没有人会支付地租了。既然情况不是这样，而是在一种特殊情况下被占有的土地的面积是有限的，那人们就要为一块被占有的即被垄断的土地支付地租或者按照售价把它买下来。令人感到奇怪的是，在这样弄明白了土地价值的产生以后，还得听经济学家说什么地租是付租金的土地的收入和值得费力耕种的最坏的土地的收入之间的差额。大家知道，这是李嘉图第一次充分阐明的地租定义。当人们假定需求的减少马上影响地租并立刻使相应数量的最坏耕地停止耕种的时候，这个定义实际上是正确的。但情况并不是这样，因此这个定义是有缺陷的；况且这个定义没有包括地租产生的原因，仅仅由于这一点，这个定义就已经站不住脚了。反谷物法同盟盟员托·佩·汤普森上校在反对这个定义时，又把亚当·斯密的定义搬了出来并加以论证。据他说，地租是谋求使用土地者的竞争和可支配的土地的有限数量之间的关系。在这里，这至少又回到地租产生的问题上来了；但是，这个解释没有包括土壤肥力的差别，正如上述的定义忽略了竞争一样。

这样一来，同一个对象又有了两个片面的因而是不完的定义。正如研究价值概念时一样，在这里我们也必须把这两个定义结合起来，以便得出一个正确的、来自事物本身发展的、因而包括了实践中的一切情况的定义。地租是土地的收获量即自然方面（这方面又包括自然的肥力和人的耕作即改良土壤所耗费的劳动）和人的方面即竞争之间的相互关系。经济学家会对这个"定义"摇头；当他们知道这个定义包括了有关这个问题的一切时，他们会大吃一惊的。

土地占有者无论如何不能责备商人。

他靠垄断土地进行掠夺。他利用人口的增长进行掠夺，因为人口的增长加强了竞争，从而抬高了他的土地的价值。他把不是通过他个人劳动得来的、完全偶然地落到他手里的东西当做他个人利益的源泉进行掠夺。他靠出租土地、靠最终攫取租地农场主的种种改良的成果进行掠夺。大土地占有者的财富日益增长的秘密就在于此。

认定土地占有者的获得方式是掠夺，即认定人人都有享受自己的劳动产品的权利或不播种者不应有收获，这样的公理并不是我们的主张。第一个公理排除抚育儿童的义务；第二个公理排除任何世代的生存权利，因为任何世代都得继承前一世代的遗产。确切地说，这些公理都是由私有制产生的结论。要么实现由私有制产生的一切结论，要么抛弃私有制这个前提。

甚至最初的占有本身，也是以断言老早就存在过共同占有权为理由的。因此，不管我们转向哪里，私有制总会把我们引到矛盾中去。

土地是我们的一切，是我们生存的首要条件；出卖土地，就是走向自我出卖的最后一步；这无论过去或直至今日都是这样一种不道德，只有自我出让的不道德才能超过它。最初的占有土地，少数人垄断土地，所有其他的人都被剥夺了基本的生存条件，就不道德来说，丝毫也不逊于后来的土地出卖。

如果我们在这里再把私有制撇开，那么地租就恢复它的本来面目，就归结为实质上可以作为地租基础的合理观点。这时，作为地租而与土地分离的土地价值，就回到土地本身。这个价值是依据面积相等的土地在花费的劳动量相等的条件下所具有的生产能力来计算的；这个价值在确定产品的价值时自然是作为生产费用的一部分计算在内的，它像地租一样是生产能力对竞争的关系，不过是对真正的竞争，即对某个时候会展开的竞争的关系。

———————

我们已经看到，资本和劳动最初是同一个东西；其次，我们从经济学家自己的阐述中也可以看到，资本是劳动的结果，它在生产过程中立刻又变成了劳动的基质、劳动的材料；可见，资本和劳动的短暂分开，立刻又在两者的统一中消失了；但是，经济学家还是把资本和劳动分开，还是坚持这两者的分裂，他只在资本是"积蓄的劳动"这个定义中承认它们两者的统一。由私有制造成的资本和劳动的分裂，不外是与这种分裂状态相应的并从这种状态产生的劳动本身的分裂。这种分开完成之后，资本又分为原有资本和利润，即资本在生产过程中所获得的增长额，虽然实践本身立刻又将这种利润加到资本上，并把它和资本投入周转中。甚至利润又分裂为利息和本来意义上的利润。在利息中，这种分裂的不合理性达到顶点。贷款生息，即不花劳动单凭贷款获得收入，是不道德的，虽然这种不道德已经包含在私有制中，但毕竟还是太明显，并且早已被不持偏见的人民意识看穿了，而人民意识在认识这类问题上通常总是正确的。所有这些微妙的分裂和划分，都产生于资本和劳动的最初的分开和这一分开的完成，即人类分裂为资本家和工人。这一分裂正日益加剧，而且我们将看到，它必定会不断地加剧。但是，这种分开与我们考察过的土地同资本和劳动分开一样，归根结底是不可能的。我们根本无法确定在某种产品中土地、资本和劳动各占多少分量。这三个量是不可通约的。土地出产原材料，但这里并非没有资本和劳动；资本以土地和劳动为前提，而劳动至少以土地，在大多数场合还以资本为前提。这三者的作用截然不同，无法用任何第四种共同的尺度来衡量。因此，如果在当前的条件下，将收入在这三种要素之间进行分配，那就没有它们固有的尺度，而只有由一个完全异己的、对它们来说是偶然的尺度即竞争或者强者狡诈的权利来解决。地租包含着竞争；资本的利润只有由竞争决定，至于工资的情况怎样，我们立刻就会看到。

如果我们撇开私有制，那么所有这些反常的分裂就不会存在。利息和利润的差别也会消失；资本如果没有劳动、没有运动就是虚无。利润把自己的意义归结为资本在决定生产费用时置于天平上的砝码，它仍是资本所固有的部分，正如资本本身将回到它与劳动的最初统一体一样。

————

劳动是生产的主要要素，是"财富的源泉"，是人的自由活动，但很少受到经济学家的重视。正如资本已经同劳动分开一样，现在劳动又再度分裂了；劳动的产物以工资的形式与劳动相对立，它与劳动分开，并且通常又由竞争决定，因为，正如我们所看到的，没有一个固定的尺度来确定劳动在生产中所占的比重。只要我们消灭了私有制，这种反常的分离就会消失；劳动就会成为它自己的报酬，而以前被让渡的工资的真正意义，即劳动对于确定物品的生产费用的意义，也就会清清楚楚地显示出来。

————

我们知道，只要私有制存在一天，一切终究会归结为竞争。竞争是经济学家的主要范畴，是他最宠爱的女儿，他始终娇惯和爱抚着她，但是请看，在这里出现的是一张什么样的美杜莎的怪脸。

私有制的最直接的结果是生产分裂为两个对立的方面：自然的方面和人的方面，即土地和人的活动。土地无人施肥就会荒芜，成为不毛之地，而人的活动的首要条件恰恰是土地。其次，我们看到，人的活动又怎样分解为劳动和资本，这两方面怎样彼此敌视。这样，我们已经看到的是这三种要素的彼此斗争，而不是它们的相互支持；现在，我们还看到私有制使这三种要素中的每一种都分裂。一块土地与另一块土地对立，一个资本与另一个资本对立，一个劳动力与另一个劳动力对立。换句话说，因为私有制把每一个人隔离在他自己的粗陋的孤立状态中，又因为每个人和他周围的人有同样的利益，所以土地占有者敌视土地占有者，资本家敌视资本家，工人敌视工人。在相同利益的敌对状态中，正是由于利益的相同，人类目前状态的不道德已经达到极点，而这个极点就是竞争。

————

竞争的对立面是垄断。垄断是重商主义者战斗时的呐喊，竞争是自由主义经济学家厮打时的吼叫。不难看出，这个对立面也是完全空洞的东西。每一个竞争者，不管他是工人，是资本家，或是土地占有者，都必定希望取得垄断地位。每一个较小的竞争者群体都必定希望为自己取得垄断地位来对付所有其他的人。竞争建立在利益基础上，而利益又引起垄断；简言之，竞争转为垄断。另一方面，垄断挡不住竞争的洪流；而且，它本身还会引起竞争，正如禁止输入或高额关税直接引起走私一样。竞争的矛盾和私有制本身的矛盾是完全一样的。单个人的利益是要占有一切，而群体的利益是要使每个人所占有的都相等。因此，普遍利益和个人利益是直接对立的。竞争的矛盾在于：每个人都必定希望取得垄断地位，可是群体本身却因垄断而一定遭受损失，因此一定要排除垄断。此外，竞争已经以垄断即所有权的垄断为前提——这里又暴露出自由主义者的虚伪——，而且只要所有权的垄断存在着，垄断的所有权也同样是正当的，因为垄断一经存在，它就是所有权。可见，攻击小的垄断，保留根本的垄断，这是多么可鄙的不彻底啊！前面我们已经提到过经济学家的论点，凡是无法垄断的东西就没有价值，因此，凡是不容许垄断的东西就不可能卷入这个竞争的斗争；如果我们再把经济学家的这个论点引到这里来，那么我们关于竞争以垄断为前提的论断，就被证明是完全正确的了。

————

　竞争的规律是：需求和供给始终力图互相适应，而正因为如此，从未有过互相适应。双方又重新脱节并转化为尖锐的对立。供给总是紧跟着需求，然而从来没有达到过刚好满足需求的情况；供给不是太多，就是太少，它和需求永远不相适应，因为在人类的不自觉状态下，谁也不知道需求和供给究竟有多大。如果需求大于供给，价格就会上涨，因而供给似乎就会兴奋起来；只要市场上供给增加，价格又会下跌，而如果供给大于需求，价格就会急剧下跌，因而需求又被激起。情况总是这样；从未有过健全的状态，而总是兴奋和松弛相更迭——这种更迭排斥一切进步——一种达不到目的的永恒波动。这个规律永远起着平衡的作用，使在这里失去的又在那里获得，因而经济学家非常欣赏它。这个规律是他最大的荣誉，他简直百看不厌，甚至在一切可能的和不可能的条件下都对它进行观察。然而，很明显，这个规律是纯自然的规律，而不是精神的规律。这是一个产生革命的规律。经济学家用他那绝妙的供求理论向你们证明"生产永远不会过多"，而实践却用商业危机来回答，这种危机就像彗星一样定期再现，在我们这里现在是平均每五年到七年发生一次。80 年来，这些商业危机像过去的大瘟疫一样定期来临，而且它们造成的不幸和不道德比大瘟疫所造成的更大（参看威德《中等阶级和工人阶级的历史》1835 年伦敦版第 211 页）。当然，这些商业革命证实了这个规律，完完全全地证实了这个规律，但不是用经济学家想使我们相信的那种方式证实的。我们应该怎样理解这个只有通过周期性的革命才能为自己开辟道路的规律呢？这是一个以当事人的无意识活动为基础的自然规律。如果生产者自己知道消费者需要多少，如果他们把生产组织起来，并且在他们中间进行分配，那么就不会有竞争的波动和竞争引起危机的倾向了。你们有意识地作为人，而不是作为没有类意识的分散原子进行生产吧，你们就会摆脱所有这些人为的无根据的对立。但是，只要你们继续以目前这种无意识的、不假思索的、全凭偶然性摆布的方式来进行生产，那么商业危机就会继续存在；而且每一次接踵而来的商业危机必定比前一次更普遍，因而也更严重，必定会使更多的小资本家变穷，使专靠劳动为生的阶级人数以增大的比例增加，从而使待雇劳动者的人数显著地增加——这是我们的经济学家必须解决的一个主要问题——，最后，必定引起一场社会革命，而这一革命，经济学家凭他的书本知识是做梦也想不到的。

由竞争关系造成的价格永恒波动，使商业完全丧失了道德的最后一点痕迹。至于价值就无须再谈了。这种似乎非常重视价值并以货币的形式把价值的抽象推崇为一种特殊存在物的制度，本身就通过竞争破坏着一切物品所固有的任何价值，而且每日每时改变着一切物品相互的价值关系。在这个漩涡中，哪里还可能有建立在道德基础上的交换呢？在这种持续地不断涨落的情况下，每个人都必定力图碰上最有利的时机进行买卖，每个人都必定会成为投机家，就是说，都企图不劳而获，损人利己，算计别人的倒霉，或利用偶然事件发财。投机者总是指望不幸事件，特别是指望歉收，他们利用一切事件，例如，当年的纽约大火灾；而不道德的顶点还是交易所中有价证券的投机，这种投机把历史和历史上的人类贬低为那种用来满足善于算计或伺机冒险的投机者的贪欲的手段。但愿诚实的、"正派的"商人不以"我感谢你上帝"等表面的虔诚形式摆脱交易所投机。这种商人和证券投机者一样可恶，他也同他们一样地投机倒把，他必须投机倒把，竞争迫使他这样做，所以他的买卖也与证券投机者的勾当一样不道德。竞争关系的真谛就是消费力对生产力的关系。在一种与人类相称的状态下，不会有除这种竞争之外的别的竞争。社会应当考虑，靠它所支配的资料能够生产些什么，并根据生产力和广大消费者之间的这种关系来确定，应该把生产提高多少或缩减多少，应该允许生产或限制生产多少奢侈品。但是，为了正确地判断这种关系，判断从合理的社会状态下能期待的生产力提高的程度，请读者参看英国社会主义者的著作并部分地参看傅立叶的著作。

在这种情况下，主体的竞争，即资本对资本、劳动对劳动的竞争等等，被归结为以人的本性为基础并且到目前为止只有傅立叶作过差强人意的说明的竞赛，这种竞赛将随着对立利益的消除而被限制在它特有的和合理的范围内。

———

资本对资本、劳动对劳动、土地对土地的斗争，使生产陷于高烧状态，使一切自然的合理的关系都颠倒过来。要是资本不最大限度地展开自己的活动，它就经不住其他资本的竞争。要是土地的生产力不经常提高，耕种土地就会无利可获。要是工人不把自己的全部力量用于劳动，他就对付不了自己的竞争者。总之，卷入竞争斗争的人，如果不全力以赴，不放弃一切真正人的目的，就经不住这种斗争。一方的这种过度紧张，其结果必然是另一方的松弛。在竞争的波动不大，需求和供给、消费和生产几乎彼此相等的时候，在生产发展过程中必定会出现这样一个阶段，在这个阶段，生产力大大过剩，结果，广大人民群众无以为生，人们纯粹由于过剩而饿死。长期以来，英国就处于这种荒诞的状况中，处于这种极不合理的情况下。如果生产波动得比较厉害——这是这种状态的必然结果——，那么就会出现繁荣和危机、生产过剩和停滞的反复交替。经济学家从来就解释不了这种怪诞状况；为了解释这种状况，他发明了人口论，这种理论和当时这种贫富矛盾同样荒谬，甚至比它更荒谬。经济学家不敢正视真理，不敢承认这种矛盾无非是竞争的结果，因为否则他的整个体系就会垮台。

在我们看来，这个问题很容易解释。人类支配的生产力是无法估量的。资本、劳动和科学的应用，可以使土地的生产能力无限地提高。按照最有才智的经济学家和统计学家的计算（参看艾利生的《人口原理》第1卷第1、2章），"人口过密"的大不列颠在十年内，将使粮食生产足以供应六倍于目前人口的需要。资本日益增加，劳动力随着人口的增长而增长，科学又日益使自然力受人类支配。这种无法估量的生产能力，一旦被自觉地运用并为大众造福，人类肩负的劳动就会很快地减少到最低限度。要是让竞争自由发展，它虽然也会起同样的作用，然而是在对立之中起作用。一部分土地进行精耕细作，而另一部分土地——大不列颠和爱尔兰的3 000万英亩好地——却荒芜着。一部分资本以难以置信的速度周转，而另一部分资本却闲置在钱柜里。一部分工人每天工作14或16小时，而另一部分工人却无所事事，无活可干，活活饿死。或者，这种分立现象并不同时发生：今天生意很好，需求很大，这时，大家都工作，资本以惊人的速度周转着，农业欣欣向荣，工人干得累倒了；而明天停滞到来，农业不值得费力去经营，大片土地荒芜，资本在正在流动的时候凝滞，工人无事可做，整个国家因财富过剩、人口过剩而备尝痛苦。

经济学家不能承认事情这样发展是对的，否则，他就得像上面所说的那样放弃自己的全部竞争体系，就得认识到自己把生产和消费对立起来、把人口过剩和财富过剩对立起来是荒诞无稽的。但是，既然事实是无法否认的，为了使这种事实与理论一致，就发明了人口论。

这种学说的创始人马尔萨斯断言，人口总是威胁着生活资料，一当生产增加，人口也以同样比例增加，人口固有的那种其繁衍超过可支配的生活资料的倾向，是一切贫困和罪恶的原因。因此，在人太多的地方，就应当用某种方法把他们消灭掉：或者用暴力将他们杀死，或者让他们饿死。可是这样做了以后，又会出现一个空隙，这个空隙又会马上被另一次繁衍的人口填满，于是，以前的贫困又开始到来。据说在任何条件下都是如此，不仅在文明的状态下，而且在自然的状态下都是如此；新荷兰平均每平方英里只有一个野蛮人，却也和英国一样，深受人口过剩的痛苦。简言之，要是我们愿意首尾一贯，那我们就得承认：当地球上只有一个人的时候，就已经人口过剩了。从这种阐述得出的结论是：正因为穷人是过剩人口，所以，除了尽可能减轻他们饿死的痛苦，使他们相信这是无法改变的，他们整个阶级的唯一出路是尽量减少生育，此外就不应该为他们做任何事情；或者，如果这样做不行，那么最好还是像"马尔库斯"所建议的那样，建立一种国家机构，用无痛苦的办法把穷人的孩子杀死；按照他的建议，每一个工人家庭只能有两个半小孩，超过此数的孩子用无痛苦的办法杀死。施舍被认为是犯罪，因为这会助长过剩人口的增长；但是，把贫穷宣布为犯罪，把济贫所变为监狱——这正是英国通过"自由的"新济贫法已经做的——，却算是非常有益的事情。的确，这种理论很不符合圣经关于上帝及其创造物完美无缺的教义，但是"动用圣经来反驳事实，是拙劣的反驳！"

我是否还需要更详尽地阐述这种卑鄙无耻的学说，这种对自然和人类的恶毒诬蔑，并进一步探究其结论呢？在这里我们终于看到，经济学家的不道德已经登峰造极。一切战争和垄断制度所造成的灾难，与这种理论相比，又算得了什么呢？要知道，正是这种理论构成了自由派的自由贸易体系的拱顶石，这块石头一旦坠落，整个大厦就倾倒。因为竞争在这里既然已经被证明是贫困、穷苦、犯罪的原因，那么谁还敢对竞争赞一词呢？

艾利生在上面引用过的著作中动摇了马尔萨斯的理论，他诉诸土地的生产力，并用以下的事实来反对马尔萨斯的原理：每一个成年人能够生产出多于他本人消费所需的东西。如果不存在这一事实，人类就不可能繁衍，甚至不可能生存；否则成长中的一代依靠什么来生活呢？可是，艾利生没有深入事物的本质，因而他最后也得出了同马尔萨斯一样的结论。他虽然证明了马尔萨斯的原理是不正确的，但未能驳倒马尔萨斯据以提出他的原理的事实。

如果马尔萨斯不这样片面地看问题，那么他必定会看到，人口过剩或劳动力过剩是始终与财富过剩、资本过剩和地产过剩联系着的。只有在整个生产力过大的地方，人口才会过多。从马尔萨斯写作时起，任何人口过剩的国家的情况，尤其是英国的情况，都极其明显地证实了这一点。这是马尔萨斯应当从总体上加以考察的事实，而对这些事实的考察必然会得出正确的结论；他没有这样做，而是只选出一个事实，对其他事实不予考虑，因而得出荒谬的结论。他犯的第二个错误是把生活资料和就业手段混为一谈。人口总是威胁着就业手段，有多少人能够就业，就有多少人出生，简言之，劳动力的产生迄今为止由竞争的规律来调节，因而也同样要经受周期性的危机和波动，这是事实，确定这一事实是马尔萨斯的功绩。然而，就业手段并不就是生活资料。就业手段由于机器力和资本的增加而增加，这是仅就其最终结果而言；而生活资料，只要生产力稍有提高，就立刻增加。这里暴露出经济学的一个新的矛盾。经济学家所说的需求不是现实的需求，他所说的消费只是人为的消费。在经济学家看来，只有能够为自己取得的东西提供等价物的

人，才是现实的需求者，现实的消费者。但是，如果
事实是这样：每一个成年人生产的东西多于他本人所
消费的东西；小孩像树木一样能够绰绰有余地偿还花
在他身上的费用——难道这不是事实？——，那么就
应该认为，每一个工人必定能够生产出远远多于他所
需要的东西，因此，社会必定会乐意供给他所必需的
一切；同时也应该认为，大家庭必定是非常值得社会
向往的礼物。但是，由于经济学家观察问题很粗糙，
除了以可触摸的现金向他支付的东西以外，他不知道
还有任何别的等价物。他已深陷在自己的对立物中，
以致连最令人信服的事实也像最科学的原理一样使他
无动于衷。

我们干脆用扬弃矛盾的方法消灭矛盾。只要目前
对立的利益能够融合，一方面的人口过剩和另一方面
的财富过剩之间的对立就会消失，关于一国人民纯粹
由于富裕和过剩而必定饿死这种不可思议的事实，这
种比一切宗教中的一切奇迹的总和更不可思议的事实
就会消失，那种认为土地无力养活人们的荒谬见解也
就会消失。这种见解是基督教经济学的顶峰，——而
我们的经济学本质上是基督教经济学，这一点我可以
用任何命题和任何范畴加以证明，这个工作在适当的
时候我会做的；马尔萨斯的理论只不过是关于精神和
自然之间存在着矛盾和由此而来的关于二者的堕落的

宗教教条在经济学上的表现。我希望也在经济学领域揭示这个对宗教来说并与宗教一起早就解决了的矛盾的虚无性。同时，如果马尔萨斯理论的辩护人事先不能用这种理论的原则向我解释，一国人民怎么能够纯粹由于过剩而饿死，并使这种解释同理性和事实一致起来，那我就不会认为这种辩护是站得住脚的。

可是，马尔萨斯的理论却是一个推动我们不断前进的、绝对必要的中转站。我们由于他的理论，总的来说由于经济学，才注意到土地和人类的生产力，而且我们在战胜了这种经济学上的绝望以后，就保证永远不惧怕人口过剩。我们从马尔萨斯的理论中为社会变革汲取到最有力的经济论据，因为即使马尔萨斯完全正确，也必须立刻进行这种变革，原因是只有这种变革，只有通过这种变革来教育群众，才能够从道德上限制繁殖本能，而马尔萨斯本人也认为这种限制是对付人口过剩的最有效和最简易的办法。我们由于这个理论才开始明白人类的极端堕落，才了解这种堕落依存于竞争关系；这种理论向我们指出，私有制如何最终使人变成了商品，使人的生产和消灭也仅仅依存于需求；它由此也指出竞争制度如何屠杀了并且每日还在屠杀着千百万人；这一切我们都看到了，这一切都促使我们要用消灭私有制、消灭竞争和利益对立的办法来消灭这种人类堕落。

　　然而，为了驳倒对人口过剩普遍存在的恐惧所持的根据，让我们再回过来谈生产力和人口的关系。马尔萨斯把自己的整个体系建立在下面这种计算上：人口按几何级数 $1+2+4+8+16+32\cdots\cdots$ 增加，而土地的生产力按算术级数 $1+2+3+4+5+6$ 增加。差额是明显的、触目惊心的，但这是否对呢？在什么地方证明过土地的生产能力是按算术级数增加的呢？土地的扩大是受限制的。好吧。在这个面积上使用的劳动力随着人口的增加而增加。即使我们假定，由于增加劳动而增加的收获量，并不总是与劳动成比例地增加，这时仍然还有一个第三要素，一个对经济学家来说当然是无足轻重的要素——科学，它的进步与人口的增长一样，是永无止境的，至少也是与人口的增长一样快。仅仅一门化学，光是汉弗莱·戴维爵士和尤斯图斯·李比希两人，就使本世纪的农业获得了怎样的成就？可见科学发展的速度至少也是与人口增长的速度一样的；人口与前一代人的人数成比例地增长，而科学则与前一代人遗留的知识量成比例地发展，因此，在最普通的情况下，科学也是按几何级数发展的。而对科学来说，又有什么是做不到的呢？当"密西西比河流域有足够的荒地可容下欧洲的全部人口"的时候，当地球上的土地才耕种了三分之一，而这三分之一的土地只要采用现在已经人所共知的改良耕作方法，就能使产量提高五倍、甚至五倍以上的时候，谈论什么人口过剩，岂不是非常可笑的事情。

————

这样，竞争就使资本与资本、劳动与劳动、土地占有与土地占有对立起来，同样又使这些要素中的每一个要素与其他两个要素对立起来。力量较强的在斗争中取得胜利。要预卜这个斗争的结局，我们就得研究一下参加斗争的各方的力量。首先，土地占有或资本都比劳动强，因为工人要生活就得工作，而土地占有者可以靠地租过活，资本家可以靠利息过活，万不得已时，也可以靠资本或资本化了的土地占有过活。其结果是：劳动得到的仅仅是最必需的东西，仅仅是一点点生活资料，而大部分产品则为资本和土地占有所得。此外，较强的工人把较弱的工人，较大的资本把较小的资本，较大的土地占有把小土地占有从市场上排挤出去。实践证实了这个结果。大家都知道，大厂主和大商人比小厂主和小商人占优势，大土地占有者比只有一摩尔根土地的占有者占优势。其结果是：在通常情况下，按照强者的权利，大资本和大土地占有吞并小资本和小土地占有，就是说，产生了财产的集中。在商业危机和农业危机时期，这种集中就进行得更快。一般说来，大的财产比小的财产增长得更快，因为从收入中作为占有者的费用所扣除的部分要小得多。这种财产的集中是一个规律，它与所有其他的规律一样，是私有制所固有的；中间阶级必然越来越多地消失，直到世界分裂为百万富翁和穷光蛋、大土地占有者和贫穷的短工为止。任何法律，土地占有的任何分割，资本的任何偶然的分裂，都无济于事，这个结果必定会产生，而且就会产生，除非在此之前全面变革社会关系、使对立的利益融合、使私有制归于消灭。

作为当今经济学家主要口号的自由竞争，是不可能的事情。垄断至少具有使消费者不受欺骗的意图，虽然它不可能实现这种意图。消灭垄断就会为欺骗敞开大门。你们说，竞争本身是对付欺骗的办法，谁也不会去买坏的东西；照这样说来，每个人都必须是每一种商品的行家，而这是不可能的，由此可见，垄断是必要的，这种必要性也在许多商品中表现出来。药房等等必须实行垄断。最重要的商品即货币恰好最需要垄断。每当流通手段不再为国家所垄断的时候，这种手段就引起商业危机，因此，英国的经济学家，其中包括威德博士，也认为在这里有实行垄断的必要。但是，垄断也不能防止假币。随便你站在问题的哪一方面，一方面的困难与另一方面的困难都不相上下。垄断引起自由竞争，自由竞争又引起垄断；因此，二者一定都失败，而且这些困难只有在消灭了产生这二者的原则时才能消除。

———

竞争贯穿在我们的全部生活关系中，造成了人们今日所处的相互奴役状况。竞争是强有力的发条，它一再促使我们的日益陈旧而衰退的社会秩序，或者更正确地说，无秩序状况活动起来，但是，它每努力一次，也就消耗掉一部分日益衰败的力量。竞争支配着人类在数量上的增长，也支配着人类在道德上的进步。谁只要稍微熟悉一下犯罪统计，他就会注意到，犯罪行为按照特有的规律性年年增加，一定的原因按照特有的规律性产生一定的犯罪行为。工厂制度的扩展到处引起犯罪行为的增加。我们能够精确地预计一个大城市或者一个地区每年会发生的逮捕、刑事案件，以至凶杀、抢劫、偷窃等事件的数字，在英国就常常这样做。这种规律性证明犯罪也受竞争支配，证明社会产生了犯罪的需求，这个需求要由相应的供给来满足；它证明由于一些人被逮捕、放逐或处死所形成的空隙，立刻会有其他的人来填满，正如人口一有空隙立刻就会有新来的人填满一样；换句话说，它证明了犯罪威胁着惩罚手段，正如人口威胁着就业手段一样。别的且不谈，在这种情况下对罪犯的惩罚究竟公正到什么程度，我让我的读者去判断。我认为这里重要的是：证明竞争也扩展到了道德领域，并表明私有制使人堕落到多么严重的地步。

————

在资本和土地反对劳动的斗争中，前两个要素比劳动还有一个特殊的优越条件，那就是科学的帮助，因为在目前情况下连科学也是用来反对劳动的。例如，几乎一切机械发明，尤其是哈格里沃斯、克朗普顿和阿克莱的棉纺机，都是由于缺乏劳动力而引起的。对劳动的渴求导致发明的出现，发明大大地增加了劳动力，因而降低了对人的劳动的需求。1770年以来英国的历史不断地证明了这一点。棉纺业中最近的重大发明——自动走锭纺纱机——就完全是由于对劳动的需求和工资的提高引起的；这项发明使机器劳动增加了一倍，从而把手工劳动减少了一半，使一半工人失业，因而也就降低另一半工人的工资；这项发明破坏了工人对工厂主的反抗，摧毁了劳动在坚持与资本作力量悬殊的斗争时的最后一点力量（参看尤尔博士《工厂哲学》第2卷）。诚然，经济学家说，归根结底，机器对工人是有利的，因为机器能够降低生产费用，因而替产品开拓新的更广大的市场，这样，机器最终还能使失业工人重新就业。这完全正确，但是，劳动力的生产是受竞争调节的；劳动力始终威胁着就业手段，因而在这些有利条件出现以前就已经有大量寻求工作的竞争者等待着，于是有利的情况形同虚构，而不利的情况，即一半工人突然被剥夺生活资料而另一半工人的工资被降低，却决非虚构，这一点为什么经济学家就忘记了呢？发明是永远不会停滞不前的，因而这种不利的情况将永远继续下去，这一点为什么经济学家就忘记了呢？由于我们的文明，分工无止境地增多，在这种情况下，一个工人只有在一定的机器上被用来做一定的细小的工作才能生存，成年工人几乎在任何时候都根本不可能从一种职业转到另一种新的职业，这一点为什么经济学家又忘记了呢？

考虑到机器的作用，我有了另一个比较远的题目即工厂制度；但是，现在我既不想也没有时间来讨论这个题目。不过，我希望不久能够有机会来详细地阐述这个制度的极端的不道德，并且无情地揭露经济学家在这里表现得十分出色的那种伪善。

——摘自《马克思恩格斯文集》第 1 卷，人民出版社 2009 年版，第 56—86 页。注释略。

后　记

我常常告诉我的学生，要以经典为伴，要带着问题和困惑去经典中寻找答案，以问题激活文本，用时代赋予经典新的生命力。这本带着问题对恩格斯的《大纲》进行解读的小册子，是我和我的博士生一起对经典著作进行时代挖掘的又一次尝试。

我相信，经典著作之所以能成为经典，一定是因为其蕴含的思想具有超越时空的穿透力，它会在其所处的时代展现出艳丽的光辉，会在思想史的长河中起到标志性的作用，更会对之后的每一个具体的"当代"有着直击人心的启发。

《大纲》被马克思称为"天才大纲"，是青年恩格斯思想锋芒的展现，是一本对今天我们所处时代的问题有深刻启发的著作。但是如何带着读者来"悦读"《大纲》，却让我有所迟疑。最初我们希望以恩格斯对国民经济学家的批判为切入点，但这样一来似乎离我们今天所处的时代又远了一些。

随着对文本的反复阅读，我们发现恩格斯在文本中埋下了一条暗线，那就是竞争。而在这个时代，竞争仍然是令我们苦恼的问题，近年来关于"内卷""躺平"的探讨就是一个明证。竞争是怎么来的？什么样的竞争是好的，什么样的竞争是不好的？竞争为什么会出现？竞争将走向何方？我们该如何走出"内卷"？在竞争的压力下到底该不该"躺平"？这一系列问题激起了我们的从经典中获得答案的求知欲，让我们坚定了完成这本小册子的决心。

恩格斯对这些问题自然不可能提供所有答案，但是他留下了思想线索和一些洞见。以竞争为主线，我们更能体会到《大纲》的"天才"所在，更容易挖掘文本中的思想火花。我们希望从文本走向现实，在我们的时代搭建起一座名为"恩格斯竞争观"的楼房，这栋楼不一定要很高，但地基一定要牢固；外观不一定要华丽，但一定是带有我们时代的色彩；里面的屋子不一定要很多，但一定要敞亮舒适。

既然是"建造楼房"，那就需要把《大纲》从

"批判"转化为"建构",这需要对文本进行深度耕犁,对马克思与恩格斯的整体思想进行充分把握,以及对我们时代的问题进行深入思考,这是撰写过程中的难点,但也是最有收获的点。

当然,这栋"楼房"是否合意,还需要亲爱的读者来评价。

陈培永

2022 年 10 月于北京大学燕北园